I知人
cons

胶囊式传记 记取一个天才的灵魂

ARTHUR RIMBAUD

SETH WHIDDEN

兰波

〔英〕塞思·惠登 著   孙礼中 译

上海文艺出版社

谨以此书缅怀罗斯·钱伯斯、
让-雅克·勒弗雷尔和迈克尔·帕克纳姆

目录

引文与英译说明　　001

引子　　001

1　城墙　　007

2　田野　　041

3　首都　　067

4　城市　　111

5　创伤　　143

6　世界　　175

7　来世	215
注释	233
精选参考书目	241
致谢	245
图片致谢	247

引文与英译说明

本书引用兰波作品原文时将直接标出所据法语兰波作品全集版本。为阅读流畅起见,我在提及以下出版物时将采用缩写:

Corr. 保罗·魏尔伦,《书信集》第一卷(Paul Verlaine, *Correspondance générale*, vol. I: 1857—1885, ed. Michael Pakenham, Paris, 2005)

JJL 让-雅克·勒弗雷尔,《阿尔蒂尔·兰波》(Jean-Jacques Lefrère, *Arthur Rimbaud*, Paris, 2001)

OC 阿尔蒂尔·兰波,《全集》(Arthur Rimbaud, *Œuvres complètes*, ed. André Guyaux and Aurélia Cervoni, Paris, 2009)

OC1 阿尔蒂尔·兰波,《全集 I: 诗歌卷》(Arthur Rimbaud, *Œuvres complètes*, vol. I: *Poésies*, ed. Steve Murphy, Paris, 1999)

OPC 保罗·魏尔伦,《散文作品全集》(Paul Verlaine, *Œuvres en prose complètes*, ed. Jacques Borel, Paris, 1972)

《感觉》《流浪》《另一种形式的维纳斯》《屁眼的十四行诗》《元音》《航海》《运动》《出发》《城市》,以及兰波其他诗歌、散文片段英译均采用华莱士·福利(Wallace Fowlie)的版本,来自《兰波:作品全集,书信选集:双语版》(*Rimbaud: Complete Works, Selected Letters: A Bilingual Edition*, © 1966, 2005 by The University of Chicago. All rights reserved)。

其余源自法语的引用文字皆由作者本人英译。[1]

---

[1] 本书兰波诗作汉译均采用或借鉴了王以培在《兰波作品全集》(作家出版社,2011 年)中的翻译。另外,本书页脚注释均为译注。原注以字母标识,统一归入书后"注释"部分。

抽烟斗的兰波

保罗·魏尔伦绘，1872 年

引子

1854年，阿尔蒂尔·兰波（Arthur Rimbaud）出生于法国夏尔维尔（Charleville），即今夏尔维尔-梅济耶尔（Charleville-Mézières）。该城位于兰斯（Reims）东北，毗邻比利时边境，是一座舒适而又安静的小城。和我们大家一样，兰波的故事也从教室开始。在成为诗人、写下第一行诗之前，他先是一名足以彪炳校史的优等生。他赢遍了学校里的所有竞赛，意满志得，从不掩饰自己的优越感。半是"回头浪子"（enfant prodigue）[1]，半是"捣蛋王"（enfant terrible），当他轻松地完成了功课，便大踏步地迈向法语诗歌的世界。一如对待他学习过的大师，他继续从过去汲取所需，将前人旧作拆解后重新组合，然后归到自己名下。

对待他周围的田园风景也是如此：作为长久以来浪漫主义的肥沃土壤，这片风景在开始举目远眺的年轻诗人眼中很快变得萧索落寞。他在山上漫步，俯瞰夏尔维尔，放眼望去，天高地远。其时如火如荼的诗歌运动将他从这座

---

[1] 原文如此。结合本书有关章节，疑为法语"神童"（enfant prodige）之误。

山无缝连接至巴黎:巴黎的诗人早已将巴那斯山——那座神话中的大山——视为自己的家园[1]。在打败了同学和乡邻后,兰波不再需要证明什么,也没有了继续待在夏尔维尔的理由,于是,他把自己最早的几首诗寄给了功成名就的巴那斯诗人,希望他们能助他一臂之力,发表这些诗歌,好让他得偿夙愿,远走高飞。他冒冒失失地来到巴黎,一只脚试探性地(半心半意地)踏入巴那斯诗歌,另一只脚则随时准备去别处安顿。(事与愿违,他很快改变了对巴那斯诗人的看法,并使自己的诗歌超越了他们的新古典主义)。

1870、71年间的动荡对于兰波和整个法国历史都是巨大冲击;色当的城下之盟和随后普法战争的战败,引发了第二帝国垮台、巴黎之围和巴黎公社这一系列事件。法兰西第二帝国和拿破仑三世蒙受耻辱,普鲁士军队对巴黎的包围为法国青年提供了激动人心的革命时机,政治格局被完全颠覆,今后一切皆有可能。一位年轻而又自负的天才诗人,再加上为审视社会、文化空间带来新思路的日常政治事件,将它们混在一起,搅一搅,结果有了:1871年5月,兰波坐下来写了两封信,一封给他曾经的老师乔治·伊藏巴尔(Georges Izambard),一封给诗人兼编辑保罗·德梅尼(Paul Demeny)。信中,他详尽阐述了一项日后令

---

[1] 古希腊神话中,巴那斯山是阿波罗和缪斯诸神的居所。

法语诗坛翻天覆地的计划。他首先击碎了被他评为枯燥乏味的主观诗歌，代之以世界观更为超脱、更注重对象本身的客观诗歌：他的著名声明"我是另一个"（Je est un autre）将写诗的人与书页上的抒情主体"我"剥离开来。1871 年，这已不是全然的革命性思想，因为三十五年前泰奥多尔·戈蒂耶（Théophile Gautier）在他的小说《莫班小姐》(*Mademoiselle de Maupin*)的前言中已有所暗示，但是围绕去主体化诗歌这一思想提出一套完整诗歌计划的，兰波是第一人，且是最直言不讳的一位。另一个很流行的说法也源自这两封信，那就是"所有感官的错乱"（le dérèglement de *tous les sens*），它源于以下声明，即"通过所有感官长期、广泛和有意识的错乱，诗人把自己变为'通灵人'"。兰波并非因为年少轻狂而全面拒绝诗界权威，他的计划是要审慎而缜密地摈弃规则，因为，法语 dérèglement 指的就是摈弃规则——règle。兰波曾经是出类拔萃的学生，未满 17 岁便熟稔几个世纪的诗歌，只有像他这样敏锐的人才能为法语诗歌带来一场革命和不可逆转的改良。

1871 年 9 月，他给长他十岁的保罗·魏尔伦（Paul Verlaine）写信，说他有伟大的诗歌要写，但要来巴黎才能兑现。这封信和附上的几首诗让魏尔伦深信不疑，于是他邀请兰波来到巴黎，就这样，两位诗人开始了一段疾风骤雨般的关系，既逾越了社会界限（夫妻忠诚，同性恋禁忌），也逾越了国界（在法国、英国、比利时和德国，两人出双入对，如影随形）。他们厮守在一起的时候——这方面的传说可在个人信件、亲朋好友的第一手叙述、警方报告和医学报告中得到佐证——魏尔伦可说是写下了他最好的诗歌，而兰波的诗歌也受到了这位伴侣的影响。然而，来得快，去得也快，两位诗人旋即分道扬镳：1873年7月，在布鲁塞尔的一家旅馆内，魏尔伦开枪击中了兰波的手腕，之后，兰波回到了夏尔维尔郊外的家族农场，写完了《地狱一季》（*Une saison en enfer*），并于同年发表，署下的日期为1873年4月至8月。剔除他学生时代的获奖作品，还有刊登在不起眼的地方性出版物上的几首诗，《地狱一季》是兰波自己发表的唯一一部文学作品。他停止诗歌创作的时间应该不迟于1875年，当时只有21岁。1878年，他离开欧洲，流浪了一阵后，在非洲安扎下来，做过生意，参加过地理勘探和军火走私，直到因为健康原因被迫回到马赛。1891年他在马赛去世，终年37岁。他生命中最后十二年的作品——一些家信和地理勘探方面的文字——只是强调了他已同诗歌和欧洲彻底别离的事实。

兰波诗作的重要性何在？为什么他的故事如此摄人心魄，值得叙述？也许是因为他在诗作中表达的东西——叛逆、反抗、爱情、疆界，以及最后的拂袖而去——对不同年龄的我们都有启迪：不仅是在他身上看到自己的影子、希望和他一样拒绝权威的少年，而且还有曾经是少年的我们每一个人。兰波的故事讲述的是飞扬的青春,他所有的诗歌几乎都写于 15 至 20 岁。在这段短暂的青葱岁月里,他把几个世纪的法国诗歌传统拿了过来——从韵脚安排到音节数目都有严格规范的传统——悉数摧毁。就主题而言,兰波的诗歌将感官和田园风光、模仿、政治讽刺、寓言、性爱和神秘感熔于一炉;在形式上,他用法国诗歌中可以辨认的三种诗歌形式——韵诗、散文诗和自由诗——进行创作,他的自由诗还是法国诗歌史上率先创作的两首自由诗。他最早的韵诗尚有可辨的主题、形式特点和韵律。到了《彩图集》(*Illuminations*),某些散文诗则极为隐晦,有批评家曾作出著名断言,即晦涩难懂正是它们的主要目的(虽然不是唯一目的)。在这些诗歌中,兰波不单单邀请我们进入他的世界,而且挑战我们把他的世界变成我们的世界的能力,因为这些文本拒绝我们所有的解读尝试。他那首题为《H》的诗,结尾像谜语一样逗我们:trouvez Hortense(去找奥尔唐斯)。他的诗歌《杂耍》最后一行是 J'ai seul la clef de cette parade sauvage(我独自掌管着这野性剧场的钥匙)。兰波浩瀚无涯,深邃无比,时时刻刻在挑战我们读者去半道迎候他,但是我们深知,无涯的一半和无涯一样远不可及。

1 城墙

夏尔维尔-梅济耶尔市中心的公爵广场建于1612至1628年间,得名于法国国王亨利四世的表外甥、讷韦尔和勒泰勒公爵夏尔·德·贡扎格(Charles de Gonzague)。1589年,亨利三世任命夏尔为香槟地区总督。1606年5月6日,在夏尔生日这天,以其名字命名的"夏尔维尔"宣告建城。[1] 夏尔之城虽然建于17世纪,但是许多建筑至今面貌依旧。四百多年来,从中心广场通向城外的四条大街,每条街上的房屋都有着同样的屋顶和檐口,使得 lignes de fuite 即没影点(vanishing point)的效果极为突出。从各个方向都能离开,这倒是再贴切不过了,因为阿尔蒂尔·兰波正是几次三番地想从公爵广场——城市的中心——以及在更宽泛的意义上,从夏尔维尔消失(vanish)。公爵广场还因为取法巴黎的孚日广场(place des

---

[1] 法语中,Charleville(夏尔维尔)即"夏尔之城"的意思。

Vosges）而名声大著。后者始建于1606年，1612年竣工。路易·梅特佐（Louis Métezeau）设计了孚日广场，与之同时，他的弟弟克莱蒙（Clément）则负责阿登地区这一"复制品"的建造。（孚日广场也是维克多·雨果1832年至1848年间居住的地方，那里现在成了维克多·雨果故居博物馆；可见两位诗人早有暗合之处。）公爵广场只模仿了巴黎原版的砖结构、对称、统一和重复，所以和都会之城的"兄长"比起来，气度略输。而这座外省城市的市中心似乎也底气不足：即使在阿登省的范围内，夏尔维尔与一河之隔的中世纪城市梅济耶尔相比，也无半点优势可言。梅济耶尔建城比夏尔维尔早了约六百年，它的重要性不仅在于它作为省会城市的行政地位，也在于它在默兹河（Meuse）上的战略位置，它的城堡和层层叠叠的防御工事像树木年轮一样证明着它的悠久历史。相反，夏尔维尔只是一个新来乍到的邻居，没有什么战略地位或者特别深厚的文化或历史身份，除了铸铁厂、制造业，只能向在梅济耶尔城墙上闲逛的百无聊赖的士兵们提供新住房和生活调剂品。身处夏尔维尔的公爵广场，就是身处一个生产、供给和劳作的中心，也是身处另一个地方的回声中，总会不断想起它的城墙所提示的原件。如此看来，早年的阿尔蒂尔·兰波像公爵广场一样，浑身透着出走他乡的信号，实在是不足为奇。如果说，逃遁这一概念在理解兰波诗歌的时候尤为重要，那么看来有两种逃遁：有时候他的目标明显是巴黎，有时候则没有明确的目标,只要远离夏尔维尔即可。夏尔·波德莱尔(Charles Baudelaire)在他的散文诗《世界以外的任何地方》(*Any Where Out of the World*)中完美地表达了这一情愫,他为这首诗选用了一个英文标题,从而为这一姿态抹上了某种陌生的异国情调,预示着这样的逃遁必须跨越的众多国界。我们几乎可以想象,顽皮的少年兰波日渐烦躁,波德莱尔诗歌的最后几行愈发引起了他的共鸣:Enfin, mon âme fait explosion, et sagement elle me crie: "N'importe où! n'importe où! pourvu que ce soit hors de ce monde!"(最后,我的灵魂爆发了,它睿智地向我喊道:"不论何地!不论何地!离开这个世界就行!")

波德莱尔号召逃遁的这首诗歌发表于1867年9月,兰波于一年后的1868年11月6日创作了他的第一首诗(从现存的诗稿来看是这样),其时他刚满14岁。这首拉丁语诗的题目 *Ver erat...*(《春日来临……》)昭示一个吉祥、崭新的开端,并为跃跃欲试的年轻一代营造了一展身手的空间:"春日来临[……]我抓住时机。我去了无忧无虑的乡间,把记忆抛诸身后。远离了学习,挣脱了所有烦恼,我能感觉到甜蜜的喜悦在复活我疲惫的心灵"(*OC*, 5)。尽管夏尔维尔城外有着一望无垠的乡野,但这仍然无法满足一颗永不知足的年轻的心:"我的年轻的心灵所追求的不仅仅是无谓的乡间漫步,而是更高远的志向!我不知道何种

夏尔维尔公爵广场,约 1860 年

神圣的灵感为我的伟大的力量提供了翅膀。我呆呆地,一言不发,双眼因为沉思而迷糊,感觉心中升起一股对燃烧着的大自然的由衷热爱。"

他的伟大的力量早已在催促年轻诗人将目光越过有限的现实环境。这个男孩和他的三个兄妹共享着公爵广场周遭对称的古典美,也一同承受着母亲事无巨细的控制。曾经的维塔丽·居夫(Vitalie Cuif)从 1854 年 10 月 20 日他出生的那一刻起就对他严加看管。少年诗人和他母亲的关系中让人惊讶的地方,或许并不是这一关系的消极面,而是对消极面的记载:他称她为 la bouche d'ombre("暗影之口",出自维克多·雨果 1856 年《静观集》中的诗作),央求以前的老师帮忙软化她的铁石心肠，说她冥顽不化，就像头戴铅盔的七十三个行政负责人。有一次，他用如下诗句形容自己被禁足的绝望："'老妈'（la Mother）把我囚禁在一个可怜的洞穴里"。[a] 母亲这方面，兰波太太的控制欲之强，令人深感压抑：她监督阿尔蒂尔的学业，到处跟踪阿尔蒂尔。是谁无视叛逆青春的巨大力量，执拗地灌输着秩序和尊重这样的理念，打着一场必败之仗？是一个保护欲过盛、甚至是专制的家长，还是一个谨慎的、体面的母亲？因为她多少也算一名女布尔乔亚（有着一定的社会地位），军人丈夫显然早已抛弃了他们，但她宁可自称"兰波先生遗孀"。毫无疑问，真相介于两者之间，毕竟在生命后期，兰波极尽人子之道，不断地给家里写信，回到夏尔维尔或是在罗什（Roche）附近的家族农场休养。他成年后所写的家信的口吻表明，即使他尚未学会爱他的母亲，也至少已经学会尊重这个仅凭一己之力就将四个孩子抚养成人的女人。

为什么她总是孤身一人？那是因为诗人的父亲弗雷德里克·兰波（Frédéric Rimbaud）是位职业军人，常年驻扎在远离夏尔维尔的地方。他的几次假期和返家着实为家谱添了不少新枝，每次回家都孕育出新生命。虽然年轻的阿尔蒂尔从不谈及自己的父亲——1860 年他被调往劳特堡（Lauterbourg）之后再也没有回过夏尔维尔——但是不管他们之间有过什么影响，这份影响很自然地留存在书籍中。

驻扎在阿尔及利亚的八年间,弗雷德里克上尉学会了流利地读写阿拉伯语;很久以后,当阿尔蒂尔去了非洲生活,他给家中写信,索要几本父亲的阿拉伯语旧书,这些书中有笑话、双关语、歌曲,以及其他能帮助他学习这门语言的材料。

之所以兰波后来学习阿拉伯语时非常轻松,部分原因是他从上学的第一天起就有着语言天赋,学习期间他的拉丁语和希腊语都很出色。他不是一般的学生,而是百年一遇的神童。他如饥似渴地阅读文学作品,不久便出蓝胜蓝,超过了自己研读的大师。他幼年的时候,兰波太太在家教导他,然后于 1861 年 10 月把他送进私立罗萨学校(Institut Rossat)。在母亲的不断鞭策和监视下——毫不夸张,因为每天放学后她都会伴着阿尔蒂尔和他的哥哥弗雷德里克(Frédéric)从学校步行回家——在罗萨的三年里,阿尔蒂尔在不同科目中获得了十几个奖项:拉丁语、法语、历史、地理和经典背诵。1865 年春天,母亲把他转到公立夏尔维尔中学,在那里他依旧进步神速,仅用一年半时间就完成了三年的学业。这期间他赢得了学校设置的所有奖项,用拉丁语或法语创作的最早的诗歌也是参加学校举办的诗歌创作比赛的结果。正是在这个时候,阿尔蒂尔和弗雷德里克初领圣体,他们俩的关系是典型的弟兄关系,有高峰也有低谷,持不同的政治观点(普法战争期间,弗雷德里克参军入伍,阿尔蒂尔则有许多反对帝国的言论),智力潜能也大相径庭(多年后,阿尔蒂尔在给母亲的信中说"如果人们知道我有一个这么愚蠢的哥哥,我该有多难堪,但这也正常,谁让他是弗雷德里克呢:一个彻头彻尾的笨蛋,我们一直知道他就那样,而且常常纳闷为啥他的脑壳这么厚",OC,553)。初领圣体五年后,在题为《初领圣体》(Les Premières Communions,标题很贴切)的诗中(OC,139—148),阿尔蒂尔又提到青春岁月的责任和虔诚,他对这一事件所导致的痛苦深有感触。

在二年级[1]年末,14 岁的兰波获得八个第一,驰名校园(前一年他已经赢得四个第一):拉丁语诗歌、拉丁语翻译(拉译法)、拉丁语叙事、希腊语翻译(希译法)、历史、地理、背诵和宗教。他两次在学校举办的拉丁语诗歌竞赛中折桂,当地的报纸也登载了他的获奖诗歌。他不单单是一个神童,还是个名副其实的捣蛋王,一个很有主见的神童。他在学校的最后一个奖项让我们见识了他的活力。在接到翻译卢克莱修《物性论》(De natura rerum)片段的任务后,兰波受到了新近出版的由勒内·弗朗索瓦·阿尔芒·普吕多姆(René François Armand Prudhomme),即苏利·普吕多姆(Sully Prudhomme,1901 年成为首位诺贝尔文学奖获得者)翻译的同一本书的启发。也许"启发"一词有

---

[1] 法国的中学二年级相当于中国的高中一年级。

初领圣体的阿尔蒂尔（右坐者）和弗雷德里克·兰波

点轻描淡写，因为 15 岁的兰波不是简单地模仿，而是改正了普吕多姆译作的头二十六行。多亏此举，普吕多姆的翻译才没有被早早扫进历史的垃圾堆。没人发现这一"剽窃"行为，兰波的获奖诗歌于 1870 年 4 月以《向维纳斯祈求》（OC, 19—20）为题发表。一本十六页的笔记本——没有标题，但研究者通常用笔记的头一个词 Conspecto 指代，或称"十岁笔记"，虽然那时作者也许不是 10 岁而是 11 岁——同样佐证了兰波旁征博引、让起点消失、自由发挥的独特才能：用法语和拉丁语写就，这本小册子里有格言、杂文、翻译、涂鸦文字、算式和素描等各种内容，透着普林尼、希罗多德、西塞罗、塞内加、西西里的狄奥多罗斯[1]和费德鲁斯[2]这些巨擘的气息。

1870 年春天，兰波太太和孩子住在默兹河边一套公寓里，河对岸就是老磨坊，这座 17 世纪的磨坊如今是该市兰波纪念馆所在地。这里位置优越，兰波和弗雷德里克可以轻松地走到学校，也可以和两个妹妹维塔丽（Vitalie）和伊莎贝尔（Isabelle）一起眺望对岸的船坞，船坞后面则是松柏葱翠的奥林波斯山：虽然神话的回声清晰可辨，但真正的辉煌并非伸手可及，因为即使翻过了山，见到的也

---

[1] Diodorus Siculus，公元前 1 世纪古希腊历史学家，著有《历史丛书》（Bibliotheca historica）四十卷。
[2] Phaedrus（约前 15—50），古罗马寓言作家，将《伊索寓言》整体拉丁化的第一人。

老磨坊
埃德蒙·杜布瓦-康塞[1]作

仍是夏尔维尔。正是在奥林波斯山的山顶，少年的阿尔蒂尔写下了他最初的几首法语诗，以及第一首以发表为目的寄出的诗：《孤儿的新年礼物》(*Les Étrennes des orphelins*, *OC*, 15—18)，在16岁的时候发表在《大众杂志》(*La Revue pour tous*) 这一全国性刊物上。编辑在1869年12月26日那期上刊登了一个修改要求，建议将这首长诗缩短三分之一，力争简洁明了。兰波同意了，并且行动迅速。隔了一周，在1870年1月2日那一期上，诗作便发表了：

---

[1] Edmond Dubois-Crancé（1747—1814），法国大革命时期国民公会议员，夏尔维尔人。

La chambre est pleine d'ombre ; on entend vaguement

De deux enfants le triste et doux chuchotement.

Leur front se penche, encore, alourdi par le rêve,

Sous le long rideau blanc qui tremble et se soulève...

— Au dehors les oiseaux se rapprochent frileux ;

Leur aile s'engourdit sous le ton gris des cieux ;

Et la nouvelle Année, à la suite brumeuse,

Laissant traîner les plis de sa robe neigeuse,

Sourit avec des pleurs, et chante en grelottant... （1—9 行）

卧室布满阴影；隐约听见

两个孩子温柔伤心的低语。

他们正歪着脑袋，昏沉沉地梦想，

长长的白窗帘瑟瑟颤抖、飘扬……

——窗外受冻的鸟儿互相贴近；

它们的翅膀已在灰暗中冻僵；

新年披着茫茫晨雾，

轻轻展开她雪白的纱裙，

哭泣着微笑，战栗着歌吟……

在新年这天静静醒来，孤儿意识到了自己的匮乏：

On sent, dans tout cela, qu'il manque quelque chose...

— Il n'est donc point de mère à ces petits enfants,
De mère au frais sourire, aux regards triomphants?
[...]
— Le rêve maternel, c'est le tiède tapis,
C'est le nid cotonneux où les enfants tapis,
Comme de beaux oiseaux que balancent les branches,
Dorment leur doux sommeil plein de visions blanches!
— Et là, — c'est comme un nid sans plumes, sans chaleur,
Où les petits ont froid, ne dorment pas, ont peur;
Un nid que doit avoir glacé la bise amère...

(20—22 行,29—36 行)

这时才发觉,屋里似乎缺少了什么……
——这两个孩子没有母亲,
没有甜甜微笑,脉脉含情的母亲?
[……]
——母亲的梦,是一床温热的羊绒,
是孩子们栖居的毛茸茸的巢,
他们就像摇晃的树枝上两只美丽的小鸟,
享受着白茫茫的温柔睡眠!
——可这里就像一个没有羽毛,没有温暖的巢,
孩子们又冷又怕,怎么也睡不着;
一个苦涩的严冬里冰雪封冻的巢……

兰波在处理孤儿和被抛弃、被忽视这一主题的时候，逼仄的四壁和母性角色的缺失一同营造出全诗的绝望氛围。但是当敞亮和温暖填补了空虚、取代了冻人的寒冷，孩子们的凄楚让位于大自然的惠赠——仿佛是仙女留下的礼物：

> La nature s'éveille et de rayons s'enivre…
>
> La terre, demi-nue, heureuse de revivre,
>
> A des frissons de joie aux baisers du soleil…
>
> Et dans le vieux logis tout est tiède et vermeil;
>
> Les sombres vêtements ne jonchent plus la terre,
>
> La bise sous le seuil a fini par se taire…
>
> On dirait qu'une fée a passé dans cela!…
>
> —Les enfants, tout joyeux, ont jeté deux cris… Là,
>
> Près du lit maternel, sous un beau rayon rose,
>
> Là, sur le grand tapis, resplendit quelque chose…
>
> Ce sont des médaillons argentés, noirs et blancs,
>
> De la nacre et du jais aux reflets scintillants;
>
> Des petits cadres noirs, des couronnes de verre,
>
> Ayant trois mots gravés en or: 'À NOTRE MÈRE!'
>
> （91—105 行）

大自然苏醒，晨光陶醉……

半裸的大地欣然复苏，

在太阳的热吻中,幸福地颤动……

那旧宅被照得温热、鲜红;

阴暗的丧服从地上消失,

窗外的寒风已默无声息……

听说有位仙女刚从这里经过!……

孩子们兴奋地大叫两声……

在那儿,母亲的床边,一束玫瑰色的光芒;

在大地毯上,什么东西正在闪光……

那是黑白相间的银质徽章,

珍珠和乌玉闪闪发亮;

还有黑色小镜框,玻璃花环,

上面刻着一行金字:"**献给母亲!**"

除了室内场景和母子关系以外,兰波早期的诗歌也广泛采用了大自然的广阔空间作为温暖、奇迹和逃遁的源泉:这里,透过"玫瑰色的光芒"和"闪闪发亮",事物的价值在与自然的互动中得到升华。不论在默兹河对岸还是在向往的没影点,自然总能给人放逐、安宁、流浪和自由,以及只能在狭隘的生活之外才能拥有的灵敏感官。《感觉》(*Sensation*)这首诗正是如此,它是兰波在 16 岁的时候寄给泰奥多尔·德·邦维尔[1]的。当时邦维尔名下已经有了

---

[1] Théodore de Banville(1823—1891),法国诗人、戏剧家、批评家。

泰奥多尔·德·邦维尔
贝内迪特·马松（Bénédict Masson）绘，1862年

五六部诗集，是巴那斯诗歌成就最大、名声最著的践行者之一——那是19世纪中叶主要的诗歌风格，其特征是新古典主义精神和对法国诗歌中古典原则的尊重。起初，巴那斯诗人被称为"无动于衷者"（Les Impassibles），他们规避浪漫主义的感情宣泄，反对该运动后期转向有益社会的诗

歌。他们把 *l'art pour l'art*（为艺术而艺术）当成不成文的法则，放弃当下而青睐得到时间验证的美的意象，所以屡屡提及雕像（镌刻在大理石中的美）和古代传说。这仅仅是一个松散的趋势，并非正式的文学运动或者流派，在巴黎出版商阿尔方斯·勒梅尔[1]出版的三册诗集中才略具雏形，诗人们常常在他位于舒瓦瑟尔巷的书店里聚会。《当代巴那斯：新诗集》（*Le Parnasse contemporain: recueil de vers nouveaux*）第一卷先是于1866年3月到6月分作十八个单册陆续出版，然后在10月集为一册发行。

1870年5月，兰波把《感觉》《奥菲利娅》（*Ophélie*）和《我信仰惟一》（*Credo in unam*，后来更名为《太阳与肉身》[*Soleil et chair*]）三首诗寄给了邦维尔，请求将这几首诗选入《当代巴那斯》待出的系列。第二辑早在筹划之中，头几个分册已从前一年的10月开始陆续出版。[b]这三首诗的第一首展现了一场田园之旅：外在的旅行转变为内省，完全激活了的感官传达出言语所不能表述的情感：

> Par les beaux soirs d'été, j'irai dans les sentiers,
>
> Picoté par les blés, fouler l'herbe menue;
>
> Rêveur, j'en sentirai la fraîcheur à mes pieds.
>
> Je laisserai le vent baigner ma tête nue...

---

[1] Alphonse Lemerre（1838—1912），法国出版家，因编辑出版巴那斯诗人的作品而闻名。

Je ne parlerai pas, je ne penserai rien...
Mais un amour immense entrera dans mon âme:
Et j'irai loin, bien loin, comme un bohémien,
Par la Nature, — heureux comme avec une femme!

夏日温暖的傍晚,我将踏上小径,
拨开尖尖麦芒,穿越青青草地:
梦想者,我从脚底感受到阵阵清新。
我的头顶凉风习习……

什么也不说,什么也不想……
无尽的爱却涌入我的灵魂:
我将远去,很远,就像波西米亚人,
穿越大自然——快乐得如同身边有位女郎!

《感觉》似乎再次回应了波德莱尔"不论何地!不论何地!离开这个世界就行!"的指令,诗中的主体描述了旅行的方方面面,唯独没有说明将去何方。"远去,很远"的重复指明了重点,即与此地相隔的距离。诗歌开头很有规律的节奏被第五行 rien 和第七行 bohémien 打破,因为前一个词以元音融合(synaeresis)的方法发音——两个元音算作一个音节,而后一个词以元音分音(diaeresis)的方法发音，最后四个字母分成两个音节（bo-hé-mi-en）：两种发音都是为了保持亚历山大体诗歌标准的十二个音节。这两个词的节奏差异虽然微小但很重要，它们一同出现正是兰波拒绝统治法国诗坛的基本规则的一个生动例子。他竟敢在寄给邦维尔的诗中这么做，也让我们领略了他的胆识，这一胆识很快会成为他的鲜明个性——邦维尔之坚决拥护法国古典主义诗歌是出了名的，他的《法国诗歌简论》（*Petit traité de poésie française*，1872）很快就会出版，这是一部规范诗歌创作的杰作，后来成为法国学校中的标准读本。

一旦跨出了城墙，那么即使是大自然也奈何不了兰波，这一点我们可以在寄给邦维尔的另一首诗《我信仰惟一》（*Credo in unam*，这一拉丁语标题出自《使徒信经》）中看到：

> — Pourquoi l'azur muet et l'espace insondable?
>
> Pourquoi les astres d'or fourmillant comme un sable?
>
> Si l'on montait toujours, que verrait-on là-haut?
>
> [...]
>
> Nous ne pouvons savoir! — Nous sommes accablés
>
> D'un manteau d'ignorance et d'étroites chimères!
>
> Singes d'hommes tombés de la vulve des mères,
>
> Notre pâle raison nous cache l'infini!
>
> Nous voulons regarder：— le Doute nous punit!

Le doute, morne oiseau, nous frappe de son aile...

—Et l'horizon s'enfuit d'une fuite éternelle!...

(*OC*, 43—44; 89—91 行, 104—110 行)

——为什么苍穹静默,而长空深不可测?

为什么金色星群浩渺如沙?

如果永不停息地向上升腾,在高处会看见什么?

[……]

我们无从知晓!——我们被无知

和狭隘的冥想所笼罩!

猴子一样的人类从母体中坠落,

我们苍白的理智遮蔽了无限,

我们渴望寻视:——怀疑惩罚了我们!

怀疑,这只忧郁的鸟儿用翅膀拍打着我们……

——地平线在永恒的躲闪中逃遁!……

自然不再是庇护所,它不仅不是答案,而且变成了一系列没有线索的无解的问题。在寻求逃遁的时候,年轻的诗人意识到他所追寻的地平线——越过地平线便是获得拯救——渺无踪影,它在遥不可及、游移不定的目标之后,还有什么比这更丧气的呢?

夏尔维尔之所以让人无法忍受的另一个原因是《乐曲声中》(*OC*, 94—95)这首诗所流露的外乡人心态,诗中

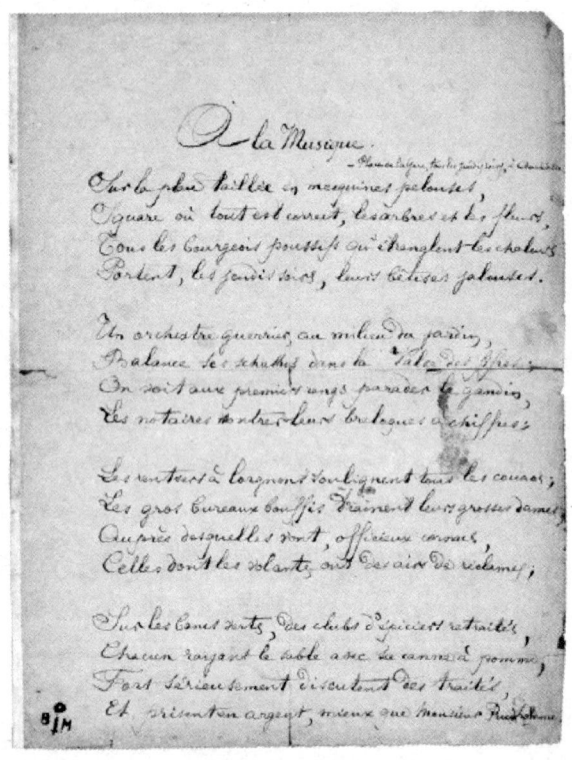

兰波《乐曲声中》手稿

"车站广场"这一明确的地点让读者真切地感受到驶往城外的火车,其中一页诗稿上 tous les jeudis soirs(每星期四晚上)这样的字眼强调了场景的压抑和单调:

Sur la place taillée en mesquines pelouses,

Square où tout est correct, les arbres et les fleurs,

Tous les bourgeois poussifs qu'étranglent les chaleurs

Portent, les jeudis soirs, leurs bêtises jalouses.

— L'orchestre militaire, au milieu du jardin,

Balance ses schakos dans la 'Valse des fifres':

— Autour, aux premiers rangs, parade le gandin,

Le notaire pend à ses breloques à chiffres:

Des rentiers à lorgnons soulignent tous les couacs:

Les gros bureaux bouffis traînent leurs grosses dames

Auprès desquelles vont, officieux cornacs,

Celles dont les volants ont des airs de réclames;

Sur les bancs verts, des clubs d'épiciers retraités

Qui tisonnent le sable avec leur canne à pomme,

Fort sérieusement discutent des traités,

Puis prisent en argent, et reprennent: 'En somme!...'

Épatant sur un banc les rondeurs de ses reins,

Un bourgeois à boutons clairs, bedaine flamande,

Savoure son onnaing d'où le tabac par brins

Déborde — vous savez, c'est de la contrebande ; —

Le long des gazons verts ricanent les voyous ;
Et, rendus amoureux par le chant des trombones,
Très naïfs, et fumant des roses, les pioupious
Caressent les bébés pour enjôler les bonnes... （1—24 行）

铺着整齐草坪的广场上，
一切都规规矩矩：花草树木；
星期四晚上，全城的布尔乔亚都热得喘气，
于是便产生了愚蠢的嫉妒。

——花园中央，军乐队奏着"短笛华尔兹"，
摇晃着他们的圆筒军帽；
一个油头粉面的青年站在前排探头探脑；
公证人炫耀着他刻着数字的表链。

衣食无忧者戴着夹鼻镜议论着这里那里走调；
肥胖的公务员带着他们肥胖的太太，
在她们身边，像大象饲养员一般的女人穿梭往来，
她们身上的羽饰犹如公共广告。

退休的杂货店主们坐在绿色长椅上，

用苹果头手杖在沙地上指指划划，

认认真真地讨论着合约，

然后从银盒里吸着鼻烟，继续说道："总而言之！……"

坐在长椅上伸开浑圆的胖腰，

一个阔佬衣服上闪着亮晶晶的纽扣，

他正挺着佛拉芒人的大肚子，叼着烟斗，

烟雾袅袅——你知道，这是走私烟草；——

一群小流氓冷笑着经过草地，

一支长号乐曲摇荡着士兵的心，

这些天真的小兵闻着玫瑰花

逗着孩子，为了向孩子的保姆献殷勤……

如果世上有一种令人窒息的资产阶级的诗，那就是它了。（值得一提的还有《妮娜的妙答》 [*Les Reparties de Nina*, *OC*, 71—74] 这首诗，男主人公用了一百多行追求自己的恋人，得到的却是最简短的回答：Et mon bureau? [我的办公室呢?]：她只关心财富和地位。）兰波厌恶城市广场、军用器材和军乐那呆板的精准和秩序，正如城市的居民厌恶与自然的接触。酷热没有提供温暖，而是窒息温暖，城市空间中的草地被切割得支离破碎，只是为了实现所谓的城市目标，而目标由穿过草地的步行街、马车道和现代工业来界定的。居民们不是用指尖去摩挲大地，而是拿拐杖捅着沙土，"苹果头手杖"指的是有着球状手柄（而非弯曲的手柄）的拐杖，但是将"苹果"这个词扯离它的自然状态也是扭曲自然的一种表现，就像鼻烟那样：操纵自然来满足人类的口腹之欲。城市与自然的隔阂也延伸到他们的臀部，因为他们不是坐在草地上，而是坐在自然的替代品上：漆成绿色的长椅。这只是植物，这个"花园"（现在讽刺意味已经非常明显）还充满同样遭到讽刺的动物，它们高视阔步、大摇大摆、自命不凡、神气活现，一副志得意满、唯我独尊的老爷气派。女人被比作是大象饲养员，这可谓是点睛之笔。

在这座平庸小城的交响乐中，一个崭新的声音将要出现——特别是在诗歌的最后三节：

— Moi, je suis, débraillé comme un étudiant,
Sous les marronniers verts les alertes fillettes:
Elles le savent bien; et tournent en riant,
Vers moi, leurs yeux tout pleins de choses indiscrètes.

Je ne dis pas un mot: je regarde toujours
La chair de leurs cous blancs brodés de mèches folles;
Je suis, sous le corsage et les frêles atours,
Le dos divin après la courbe des épaules.

J'ai bientôt déniché la bottine, le bas...

— Je reconstruis les corps, brûlé de belles fièvres.

Elles me trouvent drôle et se parlent tout bas...

Et je sens des baisers qui me viennent aux lèvres...

(25—36 行)

——我呢,像个大学生一样衣着寒酸,

在绿色的栗树下,跟随一群机警的少女:

她们早已开窍,转过身来朝我微笑,

眼睛里流露出不得体的神情。

我一言不发:呆呆地注视着

她们披着发绺的白皙的脖颈;

潜入她们的上衣和轻巧的装饰,

从弯曲的肩膀深入神圣的脊背。

我迅速剥去靴子、长筒袜……

——我重构她们的身体,点燃激情。

她们觉得我很可笑,并悄悄议论……

——我感到亲吻正接近我的双唇……

兰波的老师事后解释道,原先这首诗的最后一行是 Et mes désirs brutaux s'accrochent à leurs lèvres(我狂野的欲望

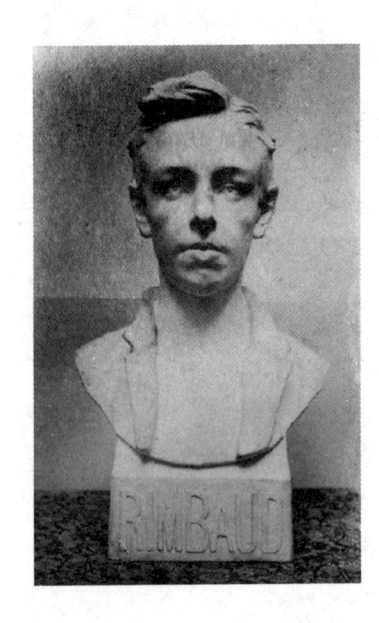

兰波胸像
夏尔维尔兰波纪念馆

紧贴在她们的唇上)。他说他说服学生换掉了——在他看来——一个粗暴的、愚蠢的负心汉的腔调,因为这不符合诗歌别处那个不张狂的、怯生生的学生形象。这个故事到底是真是假我们不得而知,但是最后兰波自己还是选择让诗歌的主体在结尾处被动接受肉体接触,而非主动要求。他的许多举止是蕴藉微妙的:一言不发,冷冷地旁观,不让体内的燥热支配自己的行动。和巴那斯美学的主张不同,此处的缪斯不是一座雕像,而是一些姑娘,她们的胴体是诗人像窥视者那样通过凝视而虚拟出来的。我们顺着他的凝视,发现诗中主体最本质的特征是"跟随"这一动作:

在 25 和 31 这两行中重复的是同形词 Je suis，它是动词 suivre（跟随）和 être（是）的共同的第一人称形式。虽然从语义上讲，他先是跟随这些活泼的姑娘，然后跟随一个神圣的脊背，这也说得通，但是这个重复更加强调了 *cogito*（思维），证实了思想主体的被动，他的本性与跟随别人这一行为有着内在的联系。某种意义上说，只要他不走出"一切都圆满"的诗意世界，他几乎一事无成。这首诗最大的讽刺是，兰波笑到了最后：他的凝视对如今的车站广场来说是不可或缺的，因为那儿矗立着他的雕像，他一刻不停地凝视着芸芸众生和把他们带离夏尔维尔的火车。[d]

夏尔维尔那实实在在的城墙和勾勒出错落有致的城市广场的线条都出现在法国诗歌的基础材料中——那是兰波用他的诗歌幻术加以平整了的岩石。（有一种说法，兰波曾在城墙上涂鸦，在花园的长椅上刻入"吃屎吧，上帝！"或者"去死吧，上帝！"的字样。）甚至在他向邦维尔寄出话中有话的信件，请求他（或者说问他敢不敢）发表它们之前，他在最初的作品中早就开始颠覆诗歌规则。例如，在《孤儿的新年礼物》中，Ah! Quel beau matin que ce matin des étrennes!（啊，多美的清晨，互赠新年礼物的清晨！）这一行不啻是向十二个节拍的亚历山大体诗句的心脏射出了一支毒箭——那心脏就是将诗句分作对称的两个半句的那个休止或停顿（这在八个音节以上的诗歌中是通例），但是，

Ah! Quel beau matin que [+] ce matin des étrennes 中的 que 在节奏上属于前半句,在语义和句法上则属于后半句,这样就跨了两头,从而违反了法国古典主义诗歌的规则。

从 1870 年 1 月开始,年轻的神童向夏尔维尔中学的新教师乔治·伊藏巴尔学习修辞,后者很快让人感觉到了他的存在:5 月初——当她儿子把诗歌寄给巴黎功成名就的诗人,希望做点什么事的时候——兰波太太给这位新教师写信,请他不要再让她那易受影响的儿子阅读他推荐的书。尽管她说谢谢他为她儿子所做的一切,但是如果有什么事是她不能接受的,那就是阅读几天前他给她儿子的那一类书(起初她还以为老师不知道阿尔蒂尔看这类书):她解释道,"允许他读这样的书绝对是危险的"。究竟是什么书让人这么反感呢?是某位维克多·雨果(但兰波太太把 Hugo 写成了 Hugot)的《悲惨世界》,小说刚出版就被天主教的报纸批评为蛊惑人心、亵渎神灵。当伊藏巴尔来向她消除误会的时候——并纠正她,因为事实上他给学生读的是《巴黎圣母院》——兰波太太把雨果称作"与宗教为敌的人"。互相理解化作了泡影,老师在目睹了这样的母亲和学生的精神苦闷后更欣赏他了。

雨果也是第二帝国和拿破仑三世最著名的政敌,这一事实使得推荐这样的书更显大胆,但是兰波根本不需要鼓励,因为他已经能够发出自己独特的创作声音。大约在这个时候,1870 年的年中,15 岁的他写下了充满性爱幻想、

乔治·伊藏巴尔

反教权的故事《圣袍下的心：一个修士的心曲》(*Un cœur sous une soutane: Intimités d'un séminariste*)，一开始副标题为 Roman（小说），后来涂改为 Nouvelle（短篇小说）。兰波作品集的不同版本常常将这个故事和写于学生时代的其他散文诗一同归类，如《太阳照样温暖》(*Le Soleil était encore chaud [...]*)、《向维纳斯祈求》和《奥尔良公爵致路易十一的信》(*Charles d'Orléans à Louis XI*)等。[e]

毫不奇怪，兰波既读雨果的小说，也读他的诗歌。一年后，虽然他声称总是把一册雨果的《惩罚集》置于眼前，但他称赞《悲惨世界》为"真正的诗"。尽管有这份热情，但是雨果后来在兰波的文学心灵中所占的位置不比邦维尔或者普吕多姆好多少：先是短暂的由衷的尊敬，后来便是不同程度的模仿、轻侮、取笑和讽刺。在成为兰波诗歌重要的互文来源后——这些诗歌包括《铁匠》(Le Forgeron)、《心有何用》(Qu'est-ce pour nous, mon cœur ...?)等——曾在会面后称兰波为"少年莎士比亚"的雨果竟成了《正人君子》(L'Homme juste)的讽刺对象。邦维尔也难逃此运，兰波模仿了一首邦维尔自己刻意模仿雨果的诗。伊藏巴尔后来声称，他不仅给了年轻的兰波雨果的《巴黎圣母院》，还给了他邦维尔的剧本《甘果瓦》(Le Gringoire)，"一部变态的作品"。后面这个题目启发了兰波的《吊死鬼舞会》(Bal des pendus, OC, 80—81)，他是作为课堂作业读了这个剧本，五天后写下这首诗。另外——还是根据伊藏巴尔的说法——这直接使兰波与邦维尔取得了联系。同样重要的是，这是将三位诗人之间的虚点串联起来的另一方法，因为邦维尔把自己的剧本恭恭敬敬地"献给维克多·雨果"。所以说，19世纪的法国诗坛是一个充满纵横交错的张力的结构，在这个结构中，身为诗人就是裹挟在由灵感、借鉴、拒绝和剽窃组成的互文关系中，兰波自然也不例外。

给邦维尔寄信几个月后，兰波给伊藏巴尔写信，热情赞扬另外两位刚刚发表了新诗作的诗人——这次是由衷的

保罗·魏尔伦
艾蒂安·卡尔雅摄,1870

赞扬。第一位是路易莎·西费尔[1]和她的诗集《消失的光芒》(*Rayons perdus*, 1869)中的《玛格丽特》(*Marguerite*),该诗之美让兰波想起索福克勒斯。另一位诗人名叫保罗·魏尔伦。兰波把魏尔伦的诗集《华宴集》(*Fêtes galantes*, 1869)描述为"非常奇怪,非常有趣,但是确实可爱,有时既严肃又不循规蹈矩"(*OC*, 332),他引了 Et la tigresse épouvantable d'Hyrcanie(赫尔卡尼亚的可怕的雌虎)这一句作为例子来解释这种不合常规:épouvantable(可怕)全不管诗歌传统格律,脚跨这行亚历山大体诗句的停顿的两头(Et la tigresse épou [+] vantable d'Hyrcanie),被断成两截,听起来像是 époux vantable(骄

---

[1] Louisa Siefert(1845—1877),法国女诗人。

傲的夫君)。魏尔伦将一个可怕的字眼,一个字面意思就是"可怕"的字,放在诗句的中心位置,好让它的可怕和冒犯一下抓住那个时代的读者的眼球,他这么做当然没有什么其他用意。(谁也不可能有这份先见之明,预测到后来几年,兰波会亲眼目睹魏尔伦疏远一位贤淑的配偶,真的让这位配偶变得非常"可怕")。

诚然,这样颠覆韵诗并不会带来革命——兰波自己的诗界革命也还是一年后的事情,但是就像他在魏尔伦诗歌中所发现的颇为投缘的另辟蹊径那样,《孤儿的新年礼物》中 Ah! Quel beau matin que ce matin des étrennes 中的 que 是兰波向法国诗歌的围墙施加压力的一个早期的例子:使基础出现裂痕。同样,尽管《感觉》这首诗描写的是田园徜徉,但是诗中那颗心的颠覆作用之大是人们不曾想到的,兰波对规则一如既往的蔑视依然极富诗意,且个性鲜明:bohémi-en 的元音分音不但用一个多余的音节拉长了徜徉,而且是在诗歌的中间通过打乱和违反规则做到的,所有格 mi-en(我的)取代了 je(我)这个第一人称主格,我们读者对这个"我"的情感非常熟悉,因为他是情感、语言、韵律和美的中心。尽管亚里士多德以降,主观抒情一直是诗歌的基石,但是在兰波看来,它不过是那堵墙中的一块砖罢了,在他最早的诗歌中,兰波就已经看穿它,知道如何利用它,就像猫用爪子玩弄老鼠。因为这个元音分音强调了主体不稳定的性质,兰波在 bohémien(波西米亚人)

这一成分里找回了不连贯的主观性,这一特征为不固定于一地、诡论禁锢在四壁间的状态规定了身份。

除了让读者早早地了解了兰波诗歌的错位以外,《感觉》也标志着他与巴那斯诗歌联系的开始,他给邦维尔的信就是这一关系的框架(*OC*, 323—330),信中他用了大量的标点符号,一再强调自己的年少天真,这透露出他再一次不加掩饰地和收信人开着玩笑:"敬爱的大师,我们生活在爱的时节;我 17 岁了。正如人们所说,这是个充满希望和幻想的年龄——在这个年龄,我这个被缪斯的手指触碰过的孩子——请原谅,如果这么说太俗气——开始表达我美好的信念、希望和感受,诗人应有的一切——我把这些称为春天。"更有甚者,在夸大自己狂喜的时候他竟然恬不知耻地隐射自己的私处:"因为我热爱所有的诗人,所有出色的巴那斯诗人……*Anch'io*[1],报界的先生们,我也将成为一名巴那斯诗人!我不知自己身上何物……会探出头来……"兰波堆垛着大量陈词滥调,他完全知道邦维尔会认出它们都是为其他巴那斯诗人所排斥但是仍然为邦维尔自己所接受的浪漫主义思想,所以这其实是封密信,似乎在说,只有你和我才理解这些陈旧的思想。邦维尔——或者说整个巴那斯诗歌流派——代表着政治、法律和文学当权派,所以说兰波在嘲笑整个接受模式,戳了它的眼。同时,

---

[1] 意大利语:我也。

在真正的诗人应具备哪些素质这一问题上,他在自己的看法中加入了一张路线图,离开夏尔维尔的途径:"两年后,或许一年后,我会出现在巴黎。"

这张路线图上布满了逃出阿登省的路径,让兰波魂牵梦绕;同样重要的还有战争的压力,因为法国于 7 月 19 日向普鲁士宣战。墙在渐渐向兰波逼近,不管是用阿登的岩石还是巴那斯的诗歌韵律砌成,它们都是必须跨越的疆界,必须打破的限制,也是未来的起点。

2 田野

在给功成名就的诗人寄信、希望跻身巴黎文学精英之列之余,兰波通常在夏尔维尔四周的田野徘徊,在《感觉》这首诗所表达的田园景致和诗情画意之间建立联系。在探索从阿登突围的路径的时候,他创作了不少诗歌,包括《流浪(幻想)》(*Ma Bohême [Fantaisie]*, *OC*, 106),这是一首由流浪汉所写、也是为流浪汉而写的诗,这位流浪汉处理的是空间、贫穷、触觉和灵感之类的意象,一系列既亲密又疏离、既实在又缥缈的路线:

> Je m'en allais, les poings dans mes poches crevées;
> Mon paletot aussi devenait idéal;
> J'allais sous le ciel, Muse! et j'étais ton féal;
> Oh! là là! que d'amours splendides j'ai rêvées!

Mon unique culotte avait un large trou.

— Petit-Poucet rêveur, j'égrenais dans ma course

Des rimes. Mon auberge était à la Grande-Ourse.

— Mes étoiles au ciel avaient un doux frou-frou

Et je les écoutais, assis au bord des routes,

Ces bons soirs de septembre où je sentais des gouttes

De rosée à mon front, comme un vin de vigueur;

Où, rimant au milieu des ombres fantastiques,

Comme des lyres, je tirais les élastiques

De mes souliers blessés, un pied près de mon cœur!

拳头揣在破衣兜里，我走了，

外套看起来相当神气；

我在天空下行走，缪斯！我忠于你；

哎呀呀，我也曾梦想过光辉的爱情！

我唯一的短裤上有个大洞，

——正如梦想的小拇指，我一路

挥洒诗韵。我的客栈就是大熊星。

我的星辰在天边发出窸窸窣窣的响声，

坐在路边,我凝神谛听,

九月的静夜,露珠滴湿我的额头,

浓如提神的美酒;

我在幻影中吟诵,拉紧

破靴上的橡皮筋,像弹奏诗琴,

一只脚贴近我的心!

诗中的抒情之旅向远方和深处延伸——"我走了""我行走""我一路",第一人称主体在自己周围构建了一个诗的宇宙。这毕竟是他的流浪经历,题目括号中的附加成分模糊了诗人、抒情主体和读者所跨越的田野之间的界限:田园风光,所有的感官,一切的一切都因为不断的运动而消磨殆尽。另外,还必须跨越一些诗歌结构的田野,这是 fantaisie 一词在 19 世纪的用法所决定的:在形式和自由之间,在偶然性(创新和破除常规)和执着(不顾一切地遵守规则)之间。一边是格律森严的十四行诗,一边是梦幻般打破规则的嬉戏及其对抒情严肃性的颠覆,《流浪》这首诗正是体现两者之间矛盾的极好例子。崇高的"理想"是一件外套,口袋上有着破洞,第四行中过于高亢的开头嘲讽了狂热的爱情,由睡眼蒙眬的大拇指汤姆[1]扮演的主体

---

[1] 英国民间故事人物,与兰波诗中提到的法国作家佩罗的童话人物小拇指体格相似,都只有成人的拇指大小。

将脚（穿着破旧的鞋）拉到心口——那是抒情诗的源泉。

十四行诗这一形式和兰波带来的变化都很容易辨认——法语的十四行诗采用的是 17 世纪从意大利引进的彼特拉克风格。首先，兰波违反了一项诗歌传统。十四行诗应由两个各有四行诗句的诗节（quatrain）后接两个各有三行诗句的诗节（tercet）构成，它们之间有一个转折（volta）。但兰波用跨行手法——一行诗延至或转入下一行——使第六句句尾转入第七行，使第七行开头处的 Des rimes 略显孤单。诗人意犹未尽，更是让第二个诗节转入了第三个诗节，把它们连接起来的不仅是第九行开头的连词 Et，还有诗人连篇累牍使用的 ou 这个声音，doux frou-frou 这一愚蠢的拟声组合，加上 trou/frou-frou、course/Ourse、routes/gouttes 这样的尾韵使 ou 这个声音更加刺耳（兰波用 Des rimes [诗韵] 两词提醒过我们注意）。但是，这还不够，我们有理由怀疑，des lyres（诗琴）与 délire（谵妄）是谐音的，这也许是对诗人癫狂状态最好的解释。另一处的 fantastique 和 élastique 的押韵也是关键所在：它指出了诗歌的弹性。这种"幻想"很大程度上偏离了诗歌韵律，提供了许多不对称手法来解读诗句，尤其是 Comme des lyres je [+] tirais les élastiques（13 行）一句，抒情主体 je（我）处在第六个音节的位置，这使读者无法找到句子的对称秩序，因为 je 和变位动词 tirais（拉紧）组成一个语法单位，从而将读者引向一个非传统的、诗句中的停顿遭到了攻击和破坏的节奏,这个不和谐十分清晰,所以这行诗句只能理解为对抒情诗歌的讽刺。如此罔顾法国传统诗歌基本原则的做法因为诗歌对"pied(脚)"的强调而得到强化,因为该词既可以指流浪的脚步,也可以指组成诗歌韵律的节拍或音步。兰波不仅磨损了脚底,而且还在作践法国诗歌这块田野。

流浪和逃遁使兰波从夏尔维尔穿过自然迈向新的经历与表达一切的诗歌创新(或者说"幻想"),而且不久,他所穿越的田野自身也改变了,因为在他向邦维尔寄出三首诗后不到两个月的 7 月 19 日,法国向普鲁士宣战:一开战,法国东部即从流浪的田野变为了战场。同时,暑假期间,伊藏巴尔也回他的家乡、北方城市杜埃(Douai)去了。日复一日,兰波更觉得自己没有理由留在原地。几星期后,他向老师诉苦:

> 您真幸运,**太幸运了**,不再住在夏尔维尔!在外省的小城中,我的故乡显得极其愚昧。您瞧,在这一点上,我已经不再抱任何幻想。因为它与梅济耶尔相邻——一座人们在地图上找不到的城市[……]我彷徨、痛苦、狂躁、愚钝、神魂颠倒;我渴望沐浴灿烂阳光,无止境地漫步、栖息、旅行、冒险,总之,想云游四方;我渴望报刊、书籍……没有!什么也没有!书店里收不到任何邮件;巴黎一定在嘲笑我们:一本新书也没有!这无异于死亡!(*OC*, 330—331)

兰波想逃遁,这是很自然的,但是他心中有一个具体所在,而不是"夏尔维尔之外的任何地方"。8月底,他跳上了一列开往巴黎的火车,既没有告诉任何人,兜里也没有半个铜板。一到巴黎北站,他就因为没买车票而被捕,后被关进马扎(Mazas)监狱(地处里昂火车站对面,现已拆毁)。除了战时没买车票就旅行这种不当行为以外,应该说,兰波之抵达车站本身就是一个事件。根据他的童年好友欧内斯特·德拉埃(Ernest Delahaye)的说法,兰波是因为作煽动性演讲和拒捕而被捕的,因为一踏上站台,他就高呼"打倒特罗胥将军"(职业军人路易·茹尔·特罗胥[1]刚被任命为巴黎市长兼巴黎要塞司令)。对此,伊藏巴尔声称,警察对兰波搜身,搜出了涂涂画画的纸片,让人以为他是间谍或窃贼,先是把他关进拘留室,后来押往马扎。

几天后,法军一部被围在梅斯,其余撤往色当,普法战争的最后一场大战于9月2日在那儿结束,普军击败法军,拿破仑三世和大约十万名士兵一起被俘,第二帝国就此垮台,第三共和国于9月4日宣告成立。在这场政治动荡中,兰波给伊藏巴尔写信,后者同意寄钱把他从马扎捞出来。数周后,兰波抵达杜埃,在伊藏巴尔的岳父母冉德尔(Gindre)家里住了几周。在返回夏尔维尔之前,他把

---

[1] Louis-Jules Trochu(1815—1896),1870年8月17日获得任命,9月出任国防政府总统。对于抵抗普鲁士军队态度消极,最终导致巴黎投降。

欧内斯特·德拉埃，22 岁
约 1875 年

十五首诗留给了伊藏巴尔的朋友，诗人和编辑保罗·德梅尼。兰波无疑希望能出版这些诗歌，因为诗稿是精心准备的：诗句用清晰的字迹誊写，然后缀上大大的、醒目的标题，每首诗都有一个遒劲的（如果不是张扬的）签名。正如伊藏巴尔所说，他的年轻学生将诗歌小心翼翼抄写在全新的大纸上，稍有一点笔误就换纸重来；纸一旦用完，他就向人要钱再买。当冉德尔家的一个女儿建议把纸翻过来再用的时候，兰波批评了她，说向出版社寄去正反页都写上的稿件是难以设想的。(*JJL*, 165)

至于那位预期的读者德梅尼，他是巴黎诗界的活跃分子，艺术书屋（Librairie artistique）的联合创始人兼联合编辑，他在该书屋出版了自己的诗集《拾穗者》(*Les Glaneuses*, 1870)。

保罗·德梅尼
约 1870 年

诗集封底的新书广告骄傲地列出了其他诗人，称他们是"未经阿·勒梅尔出版的当代诗人"，这些名字后的"等等，等等，等等"字样表明，主导诗坛的巴那斯浪潮外仍有不少稳定的、甚至丰产的作者。艺术书屋的作者没能靠诗歌扬名立万，有志于研读阿尔贝·德·马苏涅（Albert de Massougnes）、爱德华·斯内奥德（Édouard Snéod，爱德华·多恩斯［Édouard Doens］的笔名）或者阿尔贝·萨博里斯（Albert Sarboris）诗歌的研究生是不会遇到竞争对手的（当然，你首先要找到他们的诗集）。德梅尼之所以是这些非巴那斯诗人中唯一被记住的，那是因为他在保存兰波诗歌过程中所起的作用，以及错过了让艺术书屋出版兰波作品的机会，而不是他本人的诗歌有多少出彩。未能出版夏尔维尔诗人作品的这家书屋很快就关门大吉，德梅尼债台高筑。在兰波这一边，他继续在法国东北部徘徊。10月的第一周，他首次游历了比利时的夏尔罗瓦（Charleroi），想在那儿找一份记者的工作；10月中旬，回到杜埃，一位警察找上门来，原来是兰波太太派他来找兰波然后把他带回家的。他给德梅尼留下了另外七首诗，显然是希望如果邦维尔不愿把他和巴那斯诗人一起出版，那么德梅尼可以将全部二十二首诗汇成一册在艺术书屋出版。我们不应苛责这位平庸的诗人和不那么成功的出版商，而应感谢他无疑是最重要的一次食言：他没有按朋友的要求行事。次年，1871年6月，兰波又给德梅尼写信，并寄上了新诗，要求烧掉自己在杜埃的时候愚蠢地留在他那儿的所有诗歌。他的诗歌观念正面临重大转变。不管是什么原因，总之，德梅尼没有为朋友的请求所动，这些诗歌没有被付之一炬，今天被通称为"德梅尼藏稿"（recueil Demeny）。[a]

同时，兰波依然关注政治事件，拒绝参加学校为了支持正与普鲁士交战的士兵而发起的募捐。在致伊藏巴尔的一封信中，他说身处夏尔维尔和梅济耶尔是一事无成的，在同一封信中，还表达了对他所谓的"巡逻主义"（patrouillotisme）的不满——这个词指醉心于巡逻，同时也讽刺了爱国主义[1]——主张和平主义，反对正在进行的军

---

1 Patrouillotisme是法语patrouille（巡逻）和patriotisme（爱国主义）两词杂糅而成。

事行动:"我的国家站立起来了! ……可我宁愿见它坐着:不要披挂上阵! 这是我的原则。"(*OC*, 330—331)第二帝国在色当(距夏尔维尔只有二十多公里)的陨落和第三共和国的成立激励他写出了《恺撒的疯狂》(*Rages de Césars*, *OC*, 91)。诗中,兰波怒斥了最近蒙羞的拿破仑三世——身为拿破仑一世的侄子,拙劣地模仿着叔叔,孤注一掷、日思夜想、自不量力地试图重建叔叔的帝国和形象——进而表达了对崭新的共和国的乐观精神,他呼喊道:

> Car l'Empereur est soûl de ses vingt ans d'orgie!
> Il s'était dit: 'Je vais souffler la Liberté
> Bien délicatement, ainsi qu'une bougie!'
> La Liberté revit! Il se sent éreinté! (5—8 行)

> *二十年来的欢宴已使皇帝醉昏了头脑!*
> *他自言自语:"我要像吹灭蜡烛一样,*
> *轻轻一吹,就把自由吹灭!"*
> *但自由再生! 而他精疲力竭!*

9月17日开始的巴黎之围使兰波热血沸腾,他想和伊藏巴尔一起加入杜埃的国民卫队,但是因为年纪太轻不能从军,只能每天陪着老师去城墙上参加军训。他还挥笔写了一封抗议信(署名为 F. Petit),要求杜埃市市长为国民卫队配备武器。他不断地写作,一位编辑终于采用了他的散文:此人不是别人,正是伊藏巴尔——他一度出任《北方自由报》(*Le Libéral du Nord*)的编辑,9月25日刊发了兰波的一篇有关两天前在杜埃举行的一次竞选活动的报道。两个月后,兰波的政见再次见报,这次是登载在昙花一现的夏尔维尔的《阿登进步报》(*Le Progrès des Ardennes*)上。这家日报的编辑是爱弥儿·雅可比(菲利普-爱弥儿·雅各布[Philippe-Émile Jacobs]的笔名),就是在阿尔蒂尔和弗雷德里克初领圣体那天为他们拍照的那位作家兼摄影师。兰波和德拉埃在向雅可比投稿的时候都用了化名,因为和更加古板的对手《阿登信使报》(*Le Courrier des Ardennes*)相比,《阿登进步报》在政治上更趋激进。德拉埃变成达伊尔(Dhayle),让·尼古拉·阿尔蒂尔·兰波则保留了第一个教名,然后颠倒姓中的音节,成了让·博德里(Jean Baudry)。兰波的投稿并未一炮走红,因为在11月9日星期三那一期上,这家日报登了如下启事:

> 致夏尔维尔的让·博德里先生:
> 　　眼下没法采用你的诗歌。我们需要的是此刻能用的时事类文章,一旦敌人离开了我们的国土,我们或许有时间拿起你的牧笛去讴歌和平的艺术,但是今天我们无暇他顾。(*OC*, 846—847)

博德里响应了这一号召,因为两个多星期后,《阿登进步报》刊出了题为《俾斯麦之梦(幻想)》(*Le Rêve de Bismarck [Fantaisie]*, OC, 113—114)的散文。文中,奥托·冯·俾斯麦打着瞌睡,用心和手抚摸着一幅欧洲地图,他的梦想和食指在向西边的巴黎蠕动。

在把梦境般的政治幻想和韵诗寄给或是递给夏尔维尔、杜埃和巴黎的诗人和编辑的时候,兰波在法国东北部马不停蹄地奔走着,竭力为自己博得一个作家的名声,这显露出 1870 年末这个 16 岁的孩子心中的焦躁不安。和他早期诗歌中年轻人的乐观主义密不可分的是一种焦躁不定的心态:摩擦的痕迹。它们组成了阿登省和北方绿草茵茵的田野上熟悉的小道,也作为裤袋中的洞出现在《绿色小酒店,傍晚五点》(*Au Cabaret-Vert, cinq heures du soir*, OC, 111)的开头几行,这首诗是兰波在往夏尔维尔以北、布鲁塞尔方向闲逛了八十公里,到达夏尔罗瓦后创作的。除了诗中温馨的、风光旖旎的景色之外,兰波还加入了一些他在阿登的成长岁月中的其他元素:他走进乡间的一家咖啡馆找点吃的,周围充足的食物让他完全忘记了破损的靴子和跋涉了一周后必定感到的疲倦,如同诗歌的第一行所表明的(Depuis huit jours, j'avais déchiré mes bottines [一个星期了,我的靴子磨破了])。和《流浪》一样,磨破的双脚在这首诗中也在在可见,诗中不仅充满了跨行手法,而且 Depuis huit jours, j'avais [+] déchiré mes bottines 这一句中的非常规停顿将动词一分为二，就像主体的靴子撕扯他的双脚那样撕扯着诗歌的语言。两行以后，出现了一个孤零零的抒情的je（我），后面接好几个停顿，这些停顿打破了传统的秩序和对称，穿过语法上不可分割的句子，或者强调了一些特殊的品质：Au Cabaret-Vert；je [+] demandais des tartines（在绿色小酒店里：我要了面包片；第 3 行）；Quand la fille aux tétons [+] énormes, aux yeux vifs（当一个乳头硕大、目光火热的姑娘走过来；第 8 行；énormes 修饰 tétons）；Du jambon tiède, dans [+] un plat colorié（微温的火腿，在彩色的托盘里；第 11 行）；D'ail, — et m'emplit la chope [+] immense, avec sa mousse（大蒜的香味，——她又给我倒上啤酒满满一大杯，泡沫上闪着金辉！第 13 行；immense 修饰 chope）。

虽然这样的创作自由是一场即将到来的更大的诗界革命的重要迹象，但是它们并非是兰波所特有的，这位天才学生和如饥似渴的读者完全知道雨果正在推广一种今天普遍称作"三个节拍段的亚历山大体"（alexandrin trimètre）或者"浪漫的亚历山大体"（alexandrin romantique）手法，就是把一行亚历山大体诗句的意思和句法划分为 4 + 4 + 4 三个部分。雨果曾在他的《静观集》的一首诗中吹嘘 J'ai disloqué/ ce grand niais/ d'alexandrin（我把亚历山大体这个大笨蛋给拆了）。同样，兰波早就对魏尔伦在《华宴集》中显露的不拘一格表示过赏识。这样调节和放弃法国诗律的传统结构为兰波在自己的诗歌（譬如《绿色小酒店》）中另辟蹊径大开方便之门。

在这首诗中，尽管抒情主体未能如愿以偿——他要的是半冷的火腿，而女招待端上来的是热的——但是他仍然享受到了客栈提供的其他舒适，他用鹅毛笔信手写上的几笔就轻松胜过了墙上简单的图案，正如兰波用他那傲慢的诗学在我们眼前所进行的表演。当我们透过主体的眼睛看着这个可爱的、笑意盈盈的女孩时（他感谢这个女孩，她无疑比火腿更白、更红、更风情），我们还能感受到笑声、嬉闹、轻浮和既不猥亵、也非完全天真的性暗示。在夕阳里，他收获的不仅是金光闪闪的泡沫，外溢的也不只是他的啤酒杯，因为这首诗本身也在外溢：在一系列跨行中，一行诗句流入另一行诗句，生成势不可挡的韵律，诗句在接缝处破裂，就像主体那被挑逗的感官一样。

阿登的田野没有在为庆祝苏醒而做准备，而是带上了战争的印记。蔓延至乡间的战火显然启迪了《山谷睡者》（*Le Dormeur du val*, OC, 112）这首诗，兰波完全可能把它和其他诗歌一起寄给了《阿登进步报》考虑发表（有人说该报曾在 1870 年 11 月登载过它，但是此说未被证实，因为没有找到发表它的那一期）。

此诗名声之大，罕有其匹，因为它美妙无比，时而简单明了，时而深奥费解，一代又一代的法国学生都必须背诵它。诗歌头两段的交叉韵（ABAB CDCD）没有遵循传统

的十四行诗中两个四行诗节中的奇偶韵(ABBA CDDC)规则:

C'est un trou de verdure où chante une rivière
Accrochant follement aux herbes des haillons
D'argent; où le soleil, de la montagne fière,
Luit; c'est un petit val qui mousse de rayons.

Un soldat jeune, bouche ouverte, tête nue,
Et la nuque baignant dans le frais cresson bleu,
Dort; il est étendu dans l'herbe, sous la nue,
Pâle dans son lit vert où la lumière pleut.

在这座青青山谷,欢唱的小河
将破碎的银光挂上草尖;
闪烁的太阳越过高高山峦,
幽谷中的光点有如泡沫浮泛。

一位年轻士兵,张着嘴,光着头,
脖颈浸在清鲜的蓝色水芥里,
他睡着;展开肢体,面对赤裸的云天,
脸色惨白,苍天在他的绿床上洒下光雨。

但是那个"转折"清楚地显示了细节形式上的变化，因为后两个三行诗节所采用的 EEF GGF 的押韵仍然遵循了十四行诗两种传统押韵选项中的一个：

> Les pieds dans les glaïeuls, il dort. Souriant comme
> Sourirait un enfant malade, il fait un somme：
> Nature, berce-le chaudement：il a froid.
>
> Les parfums ne font pas frissonner sa narine；
> Il dort dans le soleil, la main sur sa poitrine
> Tranquille. Il a deux trous rouges au côté droit.
>
> 双脚伸进菖兰花丛，他睡着。像一个
> 病弱的孩子那般微笑，他在睡：
> 大自然，请用你温热的怀抱将他轻摇：他很冷。
>
> 花香已不再使他的鼻翼颤动；
> 他安睡在阳光里，一只手搭在静止的
> 前胸。胸腔右侧两个红色小洞。

这首诗蜚声诗坛的原因倒不是押韵，而是最后一行的那个"底"：出乎意外的结尾使诗歌有了新的意义，让人不禁重新审视整首诗。首次读到《山谷睡者》结尾的读者，一定会发现最后一行力透纸背，它的冲击波覆盖整首诗，赋予这万籁俱寂的静谧以新的含义，这静谧和"睡着"的士兵所置身的田园场景一样充满诗情画意。那两个红色小洞——因为侧重"两"这个数字和 deux trous rouges（与头几行的 bouche ouverte 的呼应）的元音谐音——并不是普法战争侵入田园牧歌的唯一征兆；温暖、柔和的大自然看似非常安详，实则掩盖了危险的信号，这信号不仅显现在张开的嘴中，也显现在苍白的肤色、菖兰花和病弱的孩子身上。其他因素也昭示着动荡：众多的跨行和扯裂全诗的铅弹般的标点符号破坏了亚历山大体诗句。这两个现象两次一同出现在第一节（2—4 行）中，一次一同出现在第二节（6—7 行）中，在随后的两个三行节中这一手法延续使用，标点符号给诗歌带来更多的洞（9—11 行，13—14 行）。这首甜蜜的、宁静的牧歌同样严肃地控诉了战争，它不是以诗歌的怒火去对抗战争之火，而是用抒情语言去唤起战争的种种威胁和破坏：带着所有激活的感官安居乐业、和谐地栖居在自然中的权利被踩躏了。沐浴在温暖的阳光下不戴帽子的脑袋，清冷的水芹，伸开手脚的身体下的绿草，鼻子嗅到的惬意香味——这些诗歌中的幸福源泉都成了海市蜃楼：战争剥夺了我们的乐趣。兰波对恐怖的战争的刻画很是高明，因为，事实上暴力并非来自对阵亡士兵的惊悚描述，而是来自最后一行的瞬间震动，和对温暖而柔和的自然场景的消解。一方面，在这首诗中，一具躯体被枪

058　兰波

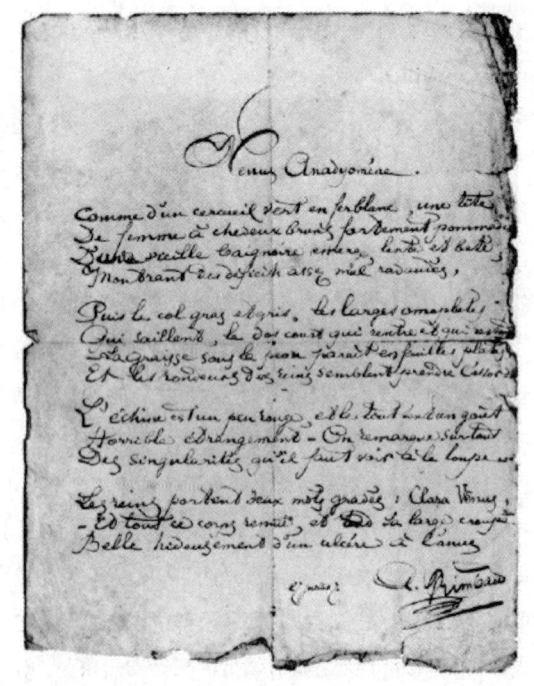

兰波《另一种形式的维纳斯》手稿

杀后丢弃一旁，读者很难在别处找到一具不那么鲜血淋漓的尸体；另一方面，从第一行至第十四行，这首诗的躯体也是弹痕累累，语言的田野里到处都是碎片。只费了两枪（deux trous rouges），战争便颠覆了整个画面，破坏了一切，读者惊愕得合不拢嘴，就像诗中阵亡的士兵一样。

阿登的田园魅力的最后遗迹被毁灭了,到处都是屠杀的痕迹,兰波又有了嫌弃那个地区的理由,所以他就眺望更远的地方寻找新的机会。巴黎在他的视野中依然是最重要的,不是因为那里想象中的写诗的机会,而是大都市所能提供的不同视野。它是现代城市的一个缩影,正如波德莱尔——兰波把他描述成"第一位通灵人,诗人之王,真正的神"——先是在《恶之花》"巴黎即景"(Tableaux parisiens)部分,后来又在散文诗集《巴黎的忧郁》中所展现的那样。当兰波在《另一种形式的维纳斯》(*Venus Anadyomene*, OC, 65)中糟践希腊神话的时候,他脑海里浮现出的是一座现代城市的背景:

> Comme d'un cercueil vert en fer blanc, une tête
> De femme à cheveux bruns fortement pommadés
> D'une vieille baignoire émerge, lente et bête
> Avec des déficits assez mal ravaudés;
>
> Puis le col gras et gris, les larges omoplates
> Qui saillent; le dos court qui rentre et qui ressort;
> Puis les rondeurs des reins semblent prendre l'essor;
> La graisse sous la peau paraît en feuilles plates;
>
> L'échine est un peu rouge, et le tout sent un goût

060　兰波

Horrible étrangement; on remarque surtout
Des singularités qu'il faut voir à la loupe ...

Les reins portent deux mots gravés: *Clara Venus*;
— Et tout ce corps remue et tend sa large croupe
Belle hideusement d'un ulcère à l'anus.

一个抹着厚厚发蜡的棕发女人头
缓慢愚钝地从浴缸中浮出,
仿佛从生锈的绿棺材中显露,
带着修修补补的糟糕的痕迹;

然后是灰色肥厚的脖子,宽大的肩胛突出;
粗短的背一伸一缩,一起一伏;
然后是肥胖的腰,如同飘飞起来;
皮下脂肪有如层层扁平的薄片散开:

脊柱微红,一切都散发出一股
可怕的怪味;人们发现
她的独特之处需要用放大镜来细看……

腰间刻着两个词:克拉拉,维纳斯;
——整个身体的扭动与美丽肥臀的舒展,

都缘于肛门溃烂。

维纳斯通常被描述为从水中诞生,正如她的希腊名字(维纳斯在希腊神话中的原型为阿芙罗狄蒂——Aphrodite,源自希腊语 *aphros*——泡沫)以及标题中 anadyomene ——"浮现者"所表明的那样。今天,关于这一题材最著名的画作要数悬挂在佛罗伦萨乌菲齐美术馆的波提切利的《维纳斯的诞生》(1486)。但在兰波的童年时代,亚历山大·卡巴内尔[1]也曾在1863年的沙龙里展出过同题材的画作,轰动一时。1865年,拿破仑三世以两万法郎的价格买下了这幅画,将它悬挂在爱丽舍宫的墙壁上。许多作家都报道过卡巴内尔在那届沙龙里展出的这幅画,其中就有爱弥儿·左拉,他的看法与兰波不谋而合:

> 把一个古老的维纳斯拿过来,或者把任何一个根据神圣的规则画出的女性胴体拿过来,然后轻轻地用一簇腮红和米粉给这个胴体着色,你就有了卡巴内尔先生的维纳斯……请去战神广场看看《维纳斯的诞生》这幅画,这个沐浴在牛奶中的女神,看起来像美味的罗莱特;不是肉体意义上的——那是不雅的——而是一种白色和粉红的杏仁酱。[b]

---

[1] Alexandre Cabanel(1823—1889),法兰西第二帝国时期最著名的学院派画家之一。

如果说把女神说成罗莱特（lorette）——交际花的代名词，源自巴黎罗莱特圣母教堂（Notre-Dame-de-Lorette）所在街区，19世纪中叶，许多这样的女人就生活在那儿——是不雅的，那么把维纳斯变成一个满是文身的女人又算什么？要知道那时候，文身女人就是娼妓的别称。千百年来，女神一直是从海水的泡沫中冉冉升起的，那是何等优雅的降世！现在竟然让她笨拙地从肮脏的浴缸中爬出来——她长着一层层不健康的、散发着异味的脂肪，除了爬，还能以什么别的姿态出浴？——这么变本加厉地堆砌龌龊的诗歌语言又是为了什么？最后的 Venus 和 anus（肛门）的押韵把猥亵推向了极致——因为兰波又一次利用了十四行诗的"底"，把最好的留在了最后。波德莱尔《恶之花》有一页说，从"腐尸"（*Une charogne*）中渗出的蛆也有一种美，兰波借鉴了这一页，给了美的女神一个溃疡。更重要的是，他不让我们移开目光，而是强迫我们注意那些在放大镜下才能看清的细节。这首诗特别符合"溃疡"（ulcer）一词的词源学本意：拉丁语 *ulcus* 意为一种疼痛，或者说一个痛苦的主题。

阅读并想象这样的主题是痛苦的，这首诗也给巴那斯美学带来了痛苦，尤其是因为兰波还借鉴了阿尔贝·格拉蒂尼[1]的诗集《疯狂的葡萄树》（*Les Vignes folles*，1860，

---

[1] Albert Glatigny（1839—1873），法国诗人、剧作家、演员。

题献给邦维尔）的最后一首诗《不健康的岩洞》(Les Antres malsains)。因此，当兰波向邦维尔宣称他是一个真正的巴那斯诗人的时候，他虽然真心希望出版，但论起美学方法的皈依，他多少还是缺乏一点真诚。巴那斯诗人偏爱雕刻在大理石上的形体，大理石保留、固定了这些形体美（但也使她们完全无法抵御男性诗人的凝视），兰波反其道而行，他让美动了起来，尽管动得很别扭。和巴那斯诗人诗歌创作观中冷漠、超然的观察不同，我们卷起袖子去发现"皮下脂肪有如层层扁平的薄片散开"，我们走出这个场景的时候指甲里也沾满了污垢，鼻孔中也充斥着那熏人的异味。对偏爱秩序的巴那斯诗人来说，这首诗偏离传统十四行诗押韵规则同样也是别扭和烦人的，因为兰波在第一节中使用了交叉韵（ABAB），而在第二节中使用了新的奇偶韵（CDDC）。跨行也破坏了传统的诗歌节奏：在第一行中，第九个音节后的逗号生成了这一行中的第二个停顿，将女人的头部 une tête 切为两半。其他标点符号和跨行组合在 les larges omoplates / Qui saillent [...]（5—6 行），le tout sent un goût / Horrible étrangement（9—10 行）和 Les reins portent deux mots gravés: Clara Venus（12 行）等句中使更多文本得到强调。最后这句尤为突兀，因为它的停顿将 deux mots 和 gravés 分了开来：将词语和书写方式分了开来。如果说兰波在把《感觉》这首诗寄给邦维尔的时候，mien 和 bohémien 的押韵相当于调皮地眨了眨眼，那么《另一种形式的维纳斯》所见证的对写作形式的高度觉悟让这首诗狠狠地戳了巴那斯诗人的眼。兰波的诗歌正以惊人的速度前进：五个月前这位年轻的诗人还在竭力巴结那个文学当权派，现在他却在超越同时代的人，摧毁他们，取笑他们。他把自己心目中他们僵化的思想和结构抛在脑后，展望着一个充满新的表达领域的未来，一个开放和创新的未来。

带着这股反巴那斯的劲头，带着对夏尔维尔日甚一日的厌恶（在那位警察的护送下，他又回到了"老妈"的羽翼下），兰波继续向前看。他一回来就写信给伊藏巴尔，一边憧憬 liberté libre（自由的自由），一边承诺待在原地，听从老师的建议（可能还保证不再出现在后者在杜埃的家门口，因为兰波不再受人欢迎）。为了赢得伊藏巴尔的友谊，他承诺决不屈服于再次逃跑的诱惑，但是同时也表明了这反抗是多么艰难，即使他今天能做到，明天也还另当别论：

先生，
——这是给您一个人的信。——

离开您的第二天我就回到了夏尔维尔。我妈妈接我回家，我就在家……无事可做。妈妈要到 71 年 1 月才会送我回学校。
您看，我是信守诺言的。

1870年11月2日，兰波致乔治·伊藏巴尔

我要死了，我在黑暗中腐烂，在卑微的邪恶中腐烂，在灰暗中腐烂。怎么说呢？——我以一种可怕的方式崇拜自由的自由，还有这么多别的东西，人们会说"那太可怜了"，是不是？我今天又要出发了。我本可以这么做的。我穿上新衣服，可以卖掉我的手表，自由万岁！——但我留下来了！我

留下来了!——我想再多离开几次——我们走吧,戴上帽子,穿上外套,手插在口袋里,我们走了!但我会留下,我会留下。我没有许诺过。但我这样做是为了得到您的爱:您这样告诉我的,我应该得到它。

和以前一样,我今天仍然无法表达对您的感激之情。我会证明给您看的。如果这意味着为您做点什么的话,即使是死我也会去做的——我向您保证。——我还有很多话要说……

——"没心没肺的"

阿·兰波[c]

尽管他信誓旦旦会遵守诺言,但他做不到,也不愿做。他得离开他的家人和夏尔维尔,阿登的田野还远远不够;巴黎的爱丽舍田野在召唤他,他得想法回到那里去——最好是揣着一张火车票。

3　首都

就在兰波焦虑不安,渴望离开一潭死水的夏尔维尔的时候,法国的其他地方正发生剧变,因为普法战争的战败和第二帝国的垮台而风雨飘摇。在赢得色当战役后,普鲁士军队向巴黎挺进,几乎没有遇到什么抵抗,从 1870 年 9 月 17 日起开始围城。说巴黎人在普鲁士入侵期间民不聊生,那未免太轻描淡写了;寒冷的冬季里无从取暖,生活条件急剧恶化,疾病泛滥。几乎没有什么食物,目之所及皆可果腹,马、狗、猫和老鼠最先下肚。连这些东西也绝迹了的时候,他们只得转向植物园动物角里的动物;1870 年末的餐馆菜单上出现了一些异国风味,如鹿汁煲狼臀、瓦罐松露羚羊、炖袋鼠肉、英式烤骆驼。动物园里的两头大象,卡斯特和波卢斯,也进了餐厅的厨房。鸽子幸免于难,是因为像热气球一样,它们是连接城内城外唯一的邮路和通信工具。直到 1871 年 1 月下旬,法国副总统儒勒·法夫尔在凡尔赛宫向普鲁士首相奥托·冯·俾斯麦投降，签下了临时停战协定，饥饿的巴黎人总算又吃上了东西。当然，法国政府在各个方面付出了沉重的代价：赔偿两亿法郎，同意普鲁士人在香榭丽舍大街上举行入城仪式，在巴黎东境驻军，直到赔款付讫，实现全面停战。

巴黎人忍无可忍了，他们对政府的失败感到厌恶，对停战协定的条款感到愤怒，看到普军在他们的城市里耀武扬威，越来越激进的国民自卫军[1]希望继续战斗。3月18日，当忠于法国政府的部队前往蒙马特尔高地去抢大炮时，国民自卫军突袭了他们，并将他们赶走。第三共和国政府首脑阿道夫·梯也尔把军队召回凡尔赛，重新集结，计划下一步行动。在随后产生的真空中，巴黎人选出了一个社会主义的城市政府，并将起义称为"公社"（la Commune）。城市政府提出了一个全面的激进议程，得到了左倾工人阶级居民的广泛支持（在围城期间，许多中上层阶级的成员逃离了这座城市）。这个分享权力的政府设立了一系列委员会来管理这座城市——实际上，整个法国都计划建立类似的公社——在没有总统，市长或总司令的情况下进行治理。在红色社会主义旗帜下，公社为工人争取新的权利，废除死刑和征兵，并恢复了法兰西共和历（拒绝受王权和宗教影响的格里高利历）。以政教分离的名义宣布教会财产为公

---

[1] 由巴黎普通市民组成，尤其是工人和小商贩。法国在普法战争中战败后，他们拒绝投降。

共财产，禁止在学校内进行宗教活动；超前地提出两性平等、工资平等，提出妇女有离婚权，女孩有接受专业教育的权利，而女权主义在法国开始盛行是数十年后的事。5月10日，《法兰克福条约》正式结束了战争，法国同意支付五十亿法郎赔款，割让阿尔萨斯和洛林大部；兰波在《俾斯麦之梦》中写道：Triomphant, Bismarck a couvert de son index l'Alsace et la Lorraine！（俾斯麦踌躇满志，把阿尔萨斯和洛林按在食指下）。但是公社屹立不倒，总共坚持了七十二天。5月21日，法国政府军冲入巴黎，开始了流血周（semaine sanglante）。屠杀于5月28日结束，6000至10000人丧生。当军队攻克了公社社员的街垒后，撤退的社员纵火烧毁了整座城市的许多建筑物，包括市政厅——一个名为保罗·魏尔伦的人最近在那里担任办公室文员。这一周中最黑暗的时刻是数百名公社社员沿着拉雪兹神父公墓东南角的围墙排成一排后被枪杀，然后扔进一个乱葬坑。直到今天，每年5月1日，在"公社社员墙"前，都有许多人络绎前来缅怀牺牲的起义者。

对于兰波而言，1871年的开始与1870年的结束是相似的：去巴黎旅行。不能说这位才华横溢的学生没有吸取教训，他对自己在马扎监狱的时光一定记忆犹新，因为他弄到了买车票的钱——在叫卖了一块手表以后。1871年2月下旬他再次逃离了夏尔维尔。在巴黎的两个星期中，尽管政局动荡，生活条件很差，文学依然是他关心的主要问题，他在几个熟记于心的地方浏览橱窗：舒瓦瑟尔巷阿尔方斯·勒梅尔的书店，波拿巴街18号德梅尼的艺术书屋。他对文学当权派并不特别感兴趣，他完全可以在勒梅尔书店的夜晚聚会上认识那些巴那斯诗人，但他把主要精力用于关注新书和正在上演的戏剧，其中一大部分聚焦战争。他在给德梅尼的信中写道："似乎每家报纸都有它的围城（Siège），它的围城日记（Journal du Siège）"。就像爱弥儿·雅可比前一年回复"让·博德里"时说的那样，审美追求依然不是眼下的话题。

当兰波去艺术书屋的时候，他知道编辑不在里边——德梅尼与伊藏巴尔一起在阿布维尔从军——他想利用与编辑的关系弄到记者、未来的巴黎公社社员欧仁·韦尔默施[1]的地址，也许想再通过韦尔默施弄到讽刺漫画家安德烈·吉尔[2]的地址。吉尔和韦尔默施于1866年开始在后者几年前创立的《金龟子：痴汉日报》（*Le Hanneton: journal des toqués*）上合作。兰波对吉尔的漫画感兴趣——这些漫画点缀着著名讽刺画刊《月亮》（*La Lune*）的封面，是该刊的一大卖点——也对韦尔默施和儒勒·瓦莱斯这些作家尖刻的讽刺和强烈的反帝国主义热情抱有兴趣，由此看来，兰波已经开始抛开巴那斯诗人及他们政治上颇为超脱的

---

[1] Eugène Vermersch（1845—1878），诗人、论战家，后为巴黎公社领导人之一。
[2] André Gill（1840—1885），漫画家，笔下大头小身子的人物形象后为许多人模仿。

"为艺术而艺术"的主张。

或许是从韦尔默施那里,或许是从艺术书屋某个相信这个声称认识德梅尼的16岁少年的人那里,兰波弄到了吉尔的地址,地狱街(rue d'Enfer, 今当费尔-罗什罗林荫道[avenue Denfert-Rochereau])89号。当兰波来到这里时,钥匙仍插在锁上——显然这是吉尔的习惯——他自己走了进去。往下的说法就不尽相同。一种说法是,兰波毫不客气地直接睡在了沙发上,直到吉尔回来发现这个素不相识的孩子,叫醒了鼾声如雷的不速之客,要求他给出解释。另一种说法是,是兰波叫醒了吉尔,表示他钦佩吉尔的作品,声称自己是一位伟大的诗人。无论哪种说法,总之,初次邂逅的因缘际会和吉尔众所周知的慷慨大度——他自己也经历过磨难,所以总是乐于倾听一位初出茅庐的画家或诗人,即使他没能为他们提供住宿——能够说明为什么在巴黎会有一些人不由自主地为这位年轻诗人的魅力所倾倒。

然而事情并非如一开始那般顺利。兰波第一次在首都那无拘无束的逗留非常短暂,据说他是步行离开巴黎的。3月,他回到了夏尔维尔,想在其他地方安身立命的尝试又一次失败了。4月12日,他开始在《阿登进步报》工作,职责是整理读者来信。由于普鲁士的入侵,1870年底这家日报曾停止运营,但是雅可比又在3月恢复了它。兰波只干了五天活,这确实不是他的错:政府以《阿登进步报》同情巴黎公社为由在17日将它查封了。

3月，在夏尔维尔，兰波与历史擦肩而过，因为巴黎公社即将成立，但是他会再一次发动一场属于他自己的革命。他拒绝回到4月中旬重新开学的夏尔维尔中学，因为他考虑的是巴黎的前景和诗歌的前景，正如他在两封书信中所解释的那样——两封对兰波的诗歌和现代文学意义非凡的信。

这两封写于1871年5月中旬的信通常被称为"通灵人信札"（*Lettres du Voyant*）。在5月13日写给伊藏巴尔的第一封信中（*OC*, 339—341），兰波将自己的诗歌创作置于当下事件中，将他的新诗歌计划与他曾经的老师的尽职工作和毫无生气的诗歌作了对比，其中多处出言不逊。两天后，他给德梅尼写了一封较长的信（*OC*, 342—349），介绍"一个小时的新文学"，纵论法国诗歌的过去、现在和未来。第一封信把收信人写成了"伊藏巴耳（Isambart）先生"；兰波不太可能误将他最喜欢的老师的名字拼错，伊藏巴尔（Izambard）甚至可能在打开信封之前就心领意会了。

尽管这位老师知道自己的学生是早慧的，但是当他开始读这封信时，无疑仍然感到震惊，因为兰波嘲笑了他的长辈所代表的一切，并提出一场革命来取代它。和一直默默地教学和写作非常乏味的"主观诗歌"（poésie subjective），从而为社会做出应有贡献的伊藏巴尔不一样，兰波宣布他正在罢工，他全新的"客观诗歌"（poésie objective）将填补工作、义务和传统所留下的空白。正如他所说的：

为什么？我想成为诗人，正在努力使自己成为**通灵人**：您不会理解这一点，而且我也几乎无法向您解释。这是通过**所有感官**的错乱抵达未知的境界。痛苦是巨大的，但必须要坚强，生为诗人就是这样，而我认识到自己是诗人。这完全不是我的错。说"我想"是错的，应该说"我被想"——原谅我用了双关语。[1]

我是另一个。木头发现自己成了小提琴，该怎样就怎样，好笑的是那些无知无觉的人，对自己一无所知的事情犹然哎哎不休！

您不是我的**导师**。我把这篇东西给您：您也许会说，是讽刺诗吗？这也是律诗？是一如既往的幻想。——但是，求求您，不要用笔，也不要用您的思想去划重点：

痛苦的心（*Le Cœur supplicié*）

我忧郁的心在船尾流连

[······]

并非毫无意义。——**请回我信**：寄德韦里埃先生转阿·兰。

衷心问候

阿尔蒂·兰波

对于读着这封信的老师来说，两个语法特点很可能吸引他的注意。首先，倒数第二段 Je est un autre（我是另一个）中明显的动词变位错误。在诗的后面，Ça ne veut pas rien dire（并非毫无意义）这一断言的双重否定。前者是比伊藏巴尔（以及巴那斯诗派和浪漫主义者）的"主观诗歌"更加高明的兰波的"客观诗歌"的著名表述，读者现在耳熟能详；这一新的手法既不是一个冷漠、客观的视角，也不是只关注对象，它不这么依赖从一开始就主导着抒情诗的主体。一个全新的视角正在形成；"通灵人"不是诗歌创造力的来源，而是表达客体的滤网。"通灵"计划提到了乐器，这是有深意的，此处提到诗琴——传统诗歌的来源——不是可有可无的：木头和黄铜发现它们分别变成了小提琴和小号。像这些材料一样，兰波也发现自己成了艺术表达的媒介。此外，正如第二封信所宣布的，通过"所有感官的错乱"诗人成为"通灵人"，这句话很大程度上是指波德莱尔——兰波在致德梅尼的信中称波德莱尔为"第一位通灵人，诗人之王，真正的神"——以及波德莱尔的通感（synaesthesia）这一概念，也就是把通常是单独经历的感觉放到一起。兰波通过"错乱"即摈弃规则来调动感官：它们的错乱或松散强化并超越了以前可能拥有的任何联系。另外，给德梅尼的信中的这句话强调了"所有感官长期、广泛和有意识的错乱"；这个宏大的诗歌计划是一种有意识的、深思熟虑的清除和破坏，而不是为了混乱而混乱。最后,"通灵人"看到了事物和形式的出现:正如兰波向德梅尼解释的那样,他将诗人与普罗米修斯作了比较,"如果他从那里带回来的东西有形,他就给出形式;如果它是无形的,那么就给出无形"。这个比较对诗歌形式的意义非常明确:"通灵人"不拘泥于先入为主的观念和习俗,而是让形式(或无形)自己显现,他只是写出诗歌的原生态。

侮辱了伊藏巴尔之后,兰波放进了《痛苦的心》(*Le Cœur supplicié*)这首诗(*OC*, 340),把这位先前的老师的注意力吸引到那个明显的双重否定上,以此强调它的重要性。稍作修改后,这首诗还会屡次出现:在下个月给德梅尼的一封信中它是《小丑的心》(*Le Cœur du pitre*),魏尔伦在1871年末重新誊写的诗中也有这一首,这次的标题是《被窃的心》(*Le Cœur volé*)。那个双重否定"非无"究竟是什么意思——或者说兰波想要传达给伊藏巴尔的含义是究竟什么——尚不清楚。这首诗的三个八行节中的第一节描绘了倚在船尾、很快就会病倒的主体被士兵嘲笑这个可怜的场景:

> Mon triste cœur bave à la poupe...
>
> Mon cœur est plein de caporal!
>
> Ils y lancent des jets de soupe,
>
> Mon triste cœur bave à la poupe...

Sous les quolibets de la troupe

Qui lance un rire général,

Mon triste cœur bave à la poupe,

Mon cœur est plein de caporal!

我忧郁的心在船尾流连……

我的心被烟草覆盖:

它们在我心里喷射着液汁,

我忧郁的心在船尾流连……

在人群的嘲弄下,

在哄堂大笑中,

我忧郁的心在船尾流连,

我的心被烟草覆盖!

此处占主导地位的"忧郁的心"很快让位给了士兵,在第二节中他们的行为从嘲笑转变为人身暴力,当他们残酷地鸡奸主体,用强奸代替嘲笑的时候,忧郁和怜悯立即被悲伤取代:

Ithyphalliques et pioupiesques

Leurs insultes l'ont dépravé;

À la vesprée, ils font des fresques

Ithyphalliques et pioupiesques;

> Ô flots abracadabrantesques,
>
> Prenez mon cœur, qu'il soit sauvé!
>
> Ithyphalliques et pioupiesques,
>
> Leurs insultes l'ont dépravé!

> *淫秽的军营里的段子*
>
> *败坏了我的心!*
>
> *在船舵上,他们涂上*
>
> *淫秽的军营里的淫画。*
>
> *噢,奇妙的流水啊,*
>
> *带走我的心,将它拯救!*
>
> *淫秽的军营里的段子*
>
> *败坏了我的心!*

兰波可能是在向他过去的老师暗示,这首诗所指的不是他被关押在马扎监狱期间所遭受过的类似待遇;充斥这首诗的军事术语和对主体心脏的暴力袭击影射法国军队在巴黎——法国的心脏——对公社类似的暴力镇压和浩劫,做出这样的解释并不需要丰富的想象力。最重要的是,这首诗诠释了兰波"客观诗歌"的新方法:一种反抒情手法,对单词进行多层次处理(一词多义很快将成为他的鲜明特征),增加象征意义。比起任何可能的自传性成分更引人瞩目的是,这首诗唤起了痛苦和悲伤,以及最后一节中"以后怎么办"的发问：

> Quand ils auront tari leurs chiques,
> Comment agir, ô cœur volé?
> Ce seront des refrains bachiques
> Quand ils auront tari leurs chiques!
> J'aurai des sursauts stomachiques
> Si mon cœur triste est ravalé!
> Quand ils auront tari leurs chiques,
> Comment agir, ô cœur volé?

> 当他们嚼完了烟草，
> 怎么办呢？噢，被窃的心？
> 接着就是酒足饭饱，
> 当他们嚼完了烟草！
> 如果我的心被吞噬，
> 我只好为了健胃蹦蹦跳跳，
> 当他们嚼完了烟草，
> 怎么办呢？噢，被窃的心？

最后，兰波将这首诗置于信件的中心位置，他那咄咄逼人的气势昭然若揭，因为"怎么办呢？噢，被窃的心？"这一尖锐问题显示出他突然告别了早先批评伊藏巴尔的诗的取笑倾向。

两天后,兰波将他的新诗学的其他例子寄给了德梅尼,宣称:"我决定花一个小时和你谈谈新文学,就从今天这首歌开始。"第一首,《巴黎战歌》(*Chant de guerre parisien*, OC, 342—343),模仿了弗朗索瓦·科佩[1]的一首诗,同时将正在巴黎进行着的那场战斗想象为一首滑稽的歌,指名道姓点出共和国领导人阿道夫·梯也尔和欧内斯特·皮卡德[2],让公社社员和凡尔赛军兵戎相见。战歌以一种不敬的语调开始,宣称这首战歌突出的不是战争而是春天:

> Le Printemps est évident, car
>
> Du cœur des Propriétés vertes,
>
> Le vol de Thiers et de Picard
>
> Tient ses splendeurs grandes ouvertes!

> 春天如此醒目,因为
>
> 从绿色的造物主心中,
>
> 梯也尔和皮卡德的盗窃/飞腾[b]
>
> 窃取了万丈光辉!

---

[1] François Coppée (1842—1908),诗人,剧作家。
[2] Ernest Picard (1821—1877),梯也尔的内政部长,曾陪同法夫尔签署投降协定。

这一节还让我们得以一瞥兰波几周前到访巴黎时注意到了什么，因为阿尔弗雷德·勒伯蒂[1]在一幅讽刺皮卡德的漫画的说明文字中写了几行类似的诗句，标题为《忆巴黎围城》，让人想起兰波早先的评论："似乎每一家报纸都有它的'围城'，它的'围城日记'"。兰波的 car/Picard 的押韵——在给德梅尼的信中他还在边上写了"这韵脚！这韵脚！"——极有可能就是受到了勒伯蒂的诗句 Paris a beaucoup souffert, car/Il a souffert qu'Ernest Picard"（巴黎遭受了很多苦难，因为/欧内斯特·皮卡德就是它遭受的苦难）的启发。

兰波宣称这首战歌"既不是玩笑，也不是悖论"。在这首诗之后，他开始讨论两千年的诗歌史：从希腊人那里继承下来后，诗歌到了拉辛时代就变得陈腐不堪。他对自己新诗学的解释以诗学的圣杯——未知——作结：

> 各式各样的情爱、痛苦和疯狂。他搜寻自己，在自己身上用尽所有毒药，只保留它们的精华。在无法言喻的酷刑中，他需要所有的信念，所有超人的力量，在所有人中成为那个伟大的病夫，那个伟大的罪犯，那个该死的人，——那个最出色的学问家！——因为他抵达了**未知**！因为他比任何人都更加注重培育他那颗早已丰富的灵魂！他抵达了未知，当他

---

[1] Alfred Le Petit（1841—1909），漫画家，摄影师。

惊慌失措，无法理解所见时，他便看到了它们！就让他在这些闻所未闻、不可名状的事物中跳腾至死吧：其他可怕的工人会接踵而来，他们将从他倒下的地平线上起步！

——六分钟后继续——

这里我插入第二篇赞美诗，**为正文助兴**：请赏听，——所有人都会迷上的。——我拿好琴弓了，我开始了：

我的小情人（*Mes petites amoureuses*）

[……]

在琴弦上拉动琴弓——在这封信中他用的是黄铜/小号的比喻，但在早先给伊藏巴尔的信中用的是木头/小提琴这个比喻，这点关系不大——他津津有味地叙述他是如何一步一步诱骗下一首诗中丑陋的小情人们，让她们跳起一种怪诞的舞蹈，一一展现她们的身体部位。随着一股对女性的厌恶从芭蕾舞女的分解动作中慢慢渗出，兰波用色情、残酷、欺负和爱编织成一张嘲讽的网。讽刺在信的最后达到高潮，他附上另一首诗："让我们以虔诚的赞美诗结尾吧。"这首诗根本谈不上虔诚：以《蹲》（*Accroupissements*）为题，它不厌其烦地记录了米洛图斯教士每天的三次排便。

就像他对伊藏巴尔所做的那样，兰波恳求德梅尼回信：

"你不愿回答就太令人讨厌了,因为很快,也许一个星期后,我就会在巴黎了。"但是并没有这么快。一个星期后,他仍在夏尔维尔,下一周,当凡尔赛军正在公社社员墙前屠杀公社社员的时候,他才姗姗来迟。虽然他毫无疑问受到急速发展的政治事件以及随之而来对城市空间的全新思考方式的启迪,[c] 但他未能亲眼目睹这一切。尽管如此,当兰波急切地清除韵诗的时候,这些政治和社会变革在他的诗歌空间中日趋明显。正是在此种情况下,他在 6 月份给德梅尼寄去了那封信,要求他烧掉留在杜埃的那些诗歌;他呼吁告别他的早期诗歌,并寄上三首新诗来替代它们,这些新诗的灵感来自于巴黎公社和它就阶级、贫困、暴力所提出的社会要求:《七岁诗人》(*Les Poètes de sept ans*),《教堂穷人》(*Pauvres à l'église*) 和《小丑的心》。这段时期他创作的其他诗歌也反映出同样的政治和社会意识:《巴黎狂欢节或人口剧增》(*L'Orgie parisienne ou Paris se repeuple*) 和《仁慈的姐妹》(*Les Sœurs de Charité*)。兰波的政治参与显然不限于诗歌;德拉埃声称,他在 8 月读到过一份由兰波起草的、深受公社原则启迪的共产主义宪法。

因此,政治斗争和诗界冲突方兴未艾。8 月,兰波再次写信给邦维尔,寄给他一首 160 行的新诗,题为《与诗人谈花》(*Ce qu'on dit au Poète à propos de fleurs*, OC, 148—154)。在自己名字的首字母上方兰波将这首诗署名为"阿尔希德·巴瓦"(Alcide Bava, 意为"赫拉克勒斯流口水"[1]）。Banville/Bava：口水般的签名嘲笑了邦维尔，并将他拉进诗中。"致泰奥多尔·德·邦维尔先生"是用作地址的开头，还是进一步把邦维尔拉进诗中，这一点尚不明了，抑或兼而有之，因为收信人很快就会与诗中的诗人融为一体。

> 致泰奥多尔·德·邦维尔
> ————
> 与诗人
> 谈花
>
> 就这样，永远，向着黑色的碧霄
> [……]
>
> 先生，亲爱的导师，
> 您记得吗……

我们可以将诗的声音置于什么背景下？更确切地说，邦维尔会将诗的声音置于什么背景下？在这首诗中，在题目中寓言化的诗人未出现之前，在他的名字远未清清楚楚出现在第 29 行 Quand BANVILLE en ferait neiger（当邦维

---

[1] 阿尔希德是希腊神话人物赫拉克勒斯的另一个名字，Bava 则是法语动词 Baver（流口水）的简单过去时形式。

尔使之化为飞雪)之前,诗人兼收信人却早已被提及,而这一切全发生在致邦维尔本人的诗中。此处,兰波在诗歌、声音和身份三者之间建立什么样的关系?甚至在我们还没有开始读这首诗的时候,所有这些问题都已经提了出来。

诗歌的第一行即模仿了拉马丁那首《湖》第一行那句著名的开场 Ainsi, toujours poussés vers de nouveaux rivages(就这样,永远被催向新的边岸)。在兰波的诗里是:

> Ainsi, toujours, vers l'azur noir
> Où tremble la mer des topazes,
> Fonctionneront dans ton soir
> Les Lys, ces clystères d'extases! (1—4 行)

> 就这样,永远,向着黑色碧霄,
> 那里翻滚着黄晶之海,
> 将要施展在你的黄昏里,
> 百合花,这欲死欲仙的灌肠器!

兰波将"新的边岸"——这些边岸象征新的发现,每一个象征都令人欣慰地昭示着,诗歌之旅总会安全抵达某一新的领域——换为"碧霄",将蓝色(可能是天堂的比喻)变成了不祥的黑色,从而进入了没有安全着陆点的远方。以翻滚、大海的黄晶和夜晚这些熟悉的抒情点缀为背景，寓言化的百合花被描述为令人飘飘欲仙的灌肠器，这明显背离了传统的人与自然关系。未来发挥着主导作用，因为 Fonctionneront（将要施展）这个词用分音方法发音的时候（fon-cti-on-ne-ront）占据了这一行八个音节中的五席。对早期诗歌的背离因为第一行的提速而更加显豁，因为兰波简化了拉马丁的亚历山大体诗行，直奔主题：没有了多余的"被催"——即没有了被兰波宣告已经死亡的"主观诗歌"的抒情动机——他可以更快地到达目的地。同样，兰波把 vers de nouveaux rivages 缩短为 vers l'azur noir——把六个音节缩短为四个音节——通过重复 vers l'azur noir 中 r 这一辅音，营造出一幅可怕的声响图景，取代了由 vers de nouveaux rivages 中 v 的头韵所赋予的连贯性。厄运正一步步向抒情袭来，这也是对邦维尔不加掩饰的威胁，因为诗中略显夸张地重复着百合花、玫瑰和稍后更为奇特的植物，toujours（永远）一词的重复（在第一行中出现后又在 16、17、37 和 41 行中反复出现）强调了这一效果，凸显出诗歌在再现大自然的时候已经力不从心：千篇一律，了无新意。

在诗歌的最后两部分中，"阿尔希德·巴瓦"使诗歌适应了资产阶级社会的价值观：诗人与商人合二为一，诗歌与钠和橡胶一样成了商品，进步与技术相提并论产生了荒诞而古怪的意象，是对功利主义诗歌宣言的肯定：

Commerçant! colon! médium!

Ta Rime sourdra, rose ou blanche,

Comme un rayon de sodium,

Comme un caoutchouc qui s'épanche!

De tes noirs Poèmes, —Jongleur!

Blancs, verts, et rouges dioptriques,

Que s'évadent d'étranges fleurs

Et des papillons électriques!

Voilà! c'est le Siècle d'enfer!

Et les poteaux télégraphiques

Vont orner, — lyre aux chants de fer,

Tes omoplates magnifiques!

Surtout, rime une version

Sur le mal des pommes de terre!

— Et, pour la composition

De Poèmes pleins de mystère

Qu'on doive lire de Tréguier

À Paramaribo, rachète

Des Tomes de Monsieur Figuier,

— Illustrés! — chez Monsieur Hachette! (141—160 行)

Alcide Bava

A. R.

14 juillet 1871

商人！佃农！通灵人！
你的灵感迸发，洁白或鲜红，
如燃烧的钠光，
似橡胶从树中涌出！

游吟诗人！你黑色的诗中，
折射出洁白、碧绿与鲜红的光芒，
绽放奇花
与电光蝴蝶！

看吧！这便是地狱的世纪！
耸立的电线杆，
——奏出铁歌的诗琴，
装饰你美妙的双肩！

尤其在写土豆的疾病时，
要用押韵的诗句，

并使字里行间

充满神秘。

应该从特雷吉埃

读到巴拉马里波,

再去阿谢特出版社,

去购买费吉埃先生的画册!

显然,这一幕很荒谬,兰波再一次向邦维尔寄去一封信,其中有些诗句不值得当真,然而却非常严肃,唯一的问题是邦维尔是否心领神会,后面这一点由于兰波在信后所写的内容而毫无疑问。首先,他把写信日期回溯到了 14 juillet(7 月 14 日)这个法国大革命的日子,再把年份定在 1871 年他自己的革命年份,还有什么比这更好的办法去巧妙地宣布一场革命?这次,他不要求邦维尔出版他的诗:他向大师提起早些时候寄去的那些诗,问"我进步了吗?"鉴于这些信亦庄亦谐,问题可能不是字面上的"我取得了进步吗?",而更可能是,**你注意到我的进步了吗?**或者更加直截了当,**我超越你了吗?**

将这颗口水炸弹放在邦维尔家门口几周后,魏尔伦的朋友奥古斯特·布列塔尼(Auguste Bretagne)建议兰波写信给魏尔伦,兰波依计而行,还给魏尔伦寄去五首诗:《惊呆的孩子》(*Les Effarés*),《蹲》,《海关检查员》(*Les*

Douaniers），《被窃的心》和《坐客》(Les Assis)。他以前抄袭过苏利·普吕多姆和雨果，现在也会继续借鉴魏尔伦，他在5月份曾经向德梅尼说起过魏尔伦："这个名叫巴那斯的新诗派有两名通灵人：阿尔贝·梅拉[1]和保罗·魏尔伦，一位真正的诗人。"正如他给邦维尔的信表明他能聪明地用一首诗来传达特定的信息，兰波决定向魏尔伦寄去《惊呆的孩子》也同样体现出精明，因为这表明这位年轻诗人对奉承拍马一途并非陌生。魏尔伦一眼就看出兰波直接从自己《华宴集》中《在船上》(En bateau)的头几行中搬来了一对韵脚：

> L'étoile du berger tremblote
> Dans l'eau plus noire, et le pilote
> Cherche un briquet dans sa culotte.

> 牧羊人的星战栗
> 在黑暗的水中，领航员
> 在他的裤子里寻找打火机。

信中兰波对魏尔伦确凿的应和出现在《惊呆的孩子》的结尾：只是次序倒了过来，拼写也稍有变化，似是给出

---

1 Albert Mérat（1840—1909），诗人，作家，翻译家。

一个最后的音符：

> Si fort, qu'ils crèvent leur culotte
> Et que leur lange blanc tremblotte
> Au vent d'hiver.

> 用力过猛，他们挣裂了短裤，
> 贴身的白衬衣，在冬天的风中
> 瑟瑟颤动。

包括了这些诗的信和魏尔伦的回信都石沉大海，无从查找，但是德拉埃转述了魏尔伦1871年9月作出的、在今天已是众所周知的回复（信里夹着购买火车票的钱）：Venez, chère grande âme, on vous appelle, on vous attend（来吧，亲爱的伟大的灵魂，我们呼唤你，我们等候你）。德拉埃说，在离开之前，兰波为他读了《醉舟》（*Le Bateau ivre*），他写作这首诗，意在给巴黎的文学精英们留下一个深刻的印象。围绕《醉舟》已经有了不少传说，包括兰波终于面见邦维尔时那个著名的故事——仍然源于德拉埃：那是1871年末，在邦维尔的公寓内魏尔伦把兰波介绍给了大师。听了兰波给他读的诗后，邦维尔说开头应该更加直接，譬如，"我是一条船……"。向主人告辞的时候，兰波明确地向魏尔伦表示邦维尔不过尔尔：C'est un vieux con

("他是个老白痴",*JJL*, 347)。撇开这则无法证实的轶事不谈，可以肯定的是，想与旧事物藕断丝连是不可能了，过河卒子断无回头之理，兰波的诗歌将大踏步地、决绝地向前迈进。

《醉舟》是对"通灵人信札"中提出的诗歌计划的一次重要的寓言化转写。在前五节中，醉舟挣断了船锚，挣脱了它们的羁绊，寓意诗人打破了诗歌规范、道德规范和西方社会的主流意识形态。中间部分描写了海上的沉船冒险；诗人被大海和醉舟合力颠簸，来到了一个未知世界。最后八节详细描述了抒情主体对旧世界的厌倦和乡愁：在惊慌失措中，"通灵人"接受了某种死亡形式，放弃了自己的愿景，唯一的安慰是好歹见过了这些愿景。这首诗用相对简单而逼真的画面诠释了"所有感官的错乱"这一手法：太阳在水面上的反射，大气层事件，日落以及海洋上的黑夜和黎明。但是，这一系列海景刚产生就被打破了，醉舟让人晕头转向——在诗中被称为"芭蕾"——错乱的停顿和跨行造成舞台场景的突然变化和紊乱的节奏，所有这些都带来了狂热和飞溅的节奏，恰如作为醉舟和诗人的统一体的航行。然而，诗歌的自我发现之旅，其魅力实在不可小觑，就像著名的 O que ma quille éclate ! O que j'aille à la mer!（啊，愿我龙骨断裂！愿我葬身大海！92 行）两个非常平衡的半句的重复和对称赋予两个同时出现的需求——对诗歌探索的需求和对写作的需求——以同等重视。然而，当大海在海难的场景中成为未知的象征,再加上展现出的丰富的诗歌语言——节奏、音乐性、色彩、出其不意的单词联想、冷僻或杜撰的新词、通感的效果和全新的隐喻——现实主义转向了梦幻。

如果崭新的诗歌语汇以及渴望深入未知的愿望确实能打动文学当权派,那么对魏尔伦的资产阶级岳父莫泰·德·弗勒维尔(Mauté de Fleurville)一家来说,这实在是一个特别糟糕的选择。保罗和他年轻的妻子玛蒂尔德(Mathilde)与她的父母一起住在尼科莱街14号。当玛蒂尔德通过同母异父的哥哥、音乐家夏尔·德·西夫里[1]结识了长她四岁并且已经崭露头角的诗人的时候,她立刻意乱情迷。魏尔伦于1866年4月在《当代巴那斯》发表了他的第一批诗作,第一部诗集《忧郁诗章》(*Poèmes saturniens*)也在同年11月由勒梅尔推出。他和玛蒂尔德于1869年6月相识,当时他的第二部诗集《华宴集》(勒梅尔书店,1869)出版不久。他们的相爱启迪了他的下一部诗集:《好歌集》(*La Bonne Chanson*),刚好在结婚前出版(勒梅尔书店,1870)。当兰波在1871年9月下旬从夏尔维尔抵达巴黎时,玛蒂尔德看到他这么年轻一定很震惊:她自己生于1853年4月,比兰波大一岁半。她才17岁,已怀孕八个月——她和魏尔伦的儿子乔治将于1871年10月30日出

---

[1] Charles de Sivry(1848—1900),作曲家,指挥。

生，所以当兰波和魏尔伦很快把莫泰·德·弗勒维尔一家弄得鸡犬不宁的时候，身体状况使她无法忍受这一切。显然，大部分时间里，他们得去别的地方。

他们的确去了别的地方，参加了"丑陋的家伙"（Vilains Bonshommes）的晚宴，这是一个主要由巴那斯诗人组成的团体，自1869年以来就聚在一起吃喝、唱歌、写诗。他们在卡塞特街古斯塔夫·普拉代勒[1]家聚会，常客有魏尔伦，让·黎施潘[2]，莫里斯·布绍尔[3]，让·埃卡尔[4]，欧内斯特·戴尔维利[5]，爱弥儿·布莱蒙[6]，克罗兄弟（Cros brothers，安东尼是医生，夏尔是诗人和发明家，在爱迪生为留声机申请专利八个月之前就发明了古留声机。有时还有他们身为雕塑家和玻璃艺术家的兄弟亨利），安德烈·吉尔，莱昂·瓦拉德[7]和莫里斯·罗里纳[8]。兰波到达首都的时候，他们因战争而中断的活动恰好刚刚恢复。魏尔伦邀请他去巴黎后不久，他将年轻的诗人带到了该团体的晚宴上（1871年9月30日）。一周后，瓦拉德向错过了晚宴的布莱蒙描述当晚的情景：

---

[1] Gustave Pradelle（1839—1891），诗人，剧作家。当过省长。
[2] Jean Richepin（1849—1926），多产的诗歌、戏剧、小说、新闻、歌曲和歌剧作者，以演讲家的技巧和语言天赋而备受尊敬。
[3] Maurice Bouchor（1855—1929），象征主义诗人。
[4] Jean Aicard（1848—1921），诗人，小说家和剧作家，其讴歌普罗旺斯地区的诗歌最为知名。
[5] Ernest d'Hervilly（1838—1911），记者，作家，诗人和剧作家。
[6] Émile Blémont（1839—1927），诗人，剧作家。与雨果、巴那斯诗人和兰波均有往来。
[7] Léon Valade（1841—1883），诗人，剧作家。
[8] Maurice Rollinat（1846—1903），诗人，音乐家，翻译。

你未能参加"丑陋的家伙"的最新晚宴真是错过了大好机会……一位未满18岁、名叫阿尔蒂尔·兰波的**可怕的**诗人——在魏尔伦这位伯乐和左岸施洗者约翰(鄙人)的引荐下——登场亮相了。他手大,脚大,但是脸却像一个13岁的孩子一样**稚嫩**,长着一双深蓝色的眼睛,性格与其说是胆怯,不如说是狂野:这个孩子的想象力充满了闻所未闻的力量和变态,让我们所有的朋友着迷或害怕。[儒勒·]苏里[1]喊道:"教士们总算逮着一个议论的话题啦!"戴尔维利说:"这是耶稣来到神学家中间。"[爱德蒙·]迈特赫[2]告诉我:"这是个魔鬼!"于是我改动了一下说法:"是魔鬼来到了神学家中间!"他来自夏尔维尔,决意不再见到自己的家和家人,除此之外我无法向你提供更多有关这位年轻诗人的生平资料——来看看他的诗吧,你会自己做出判断的。除非命运在和我们开玩笑,否则站在我们面前的就是一位天才。(JJL, 344)

正如瓦拉德的热情所表明的,兰波朗诵的《醉舟》深受好评。斯特凡·马拉美热情地描述了自己的人生轨迹和兰波的发生交集的那一刻,称他的年轻朋友拥有:

---

1 Jules Soury(1842—1915),神经心理学理论家、史家。
2 Edmond Maître(1840—1898),音乐家,收藏家,艺术赞助者。

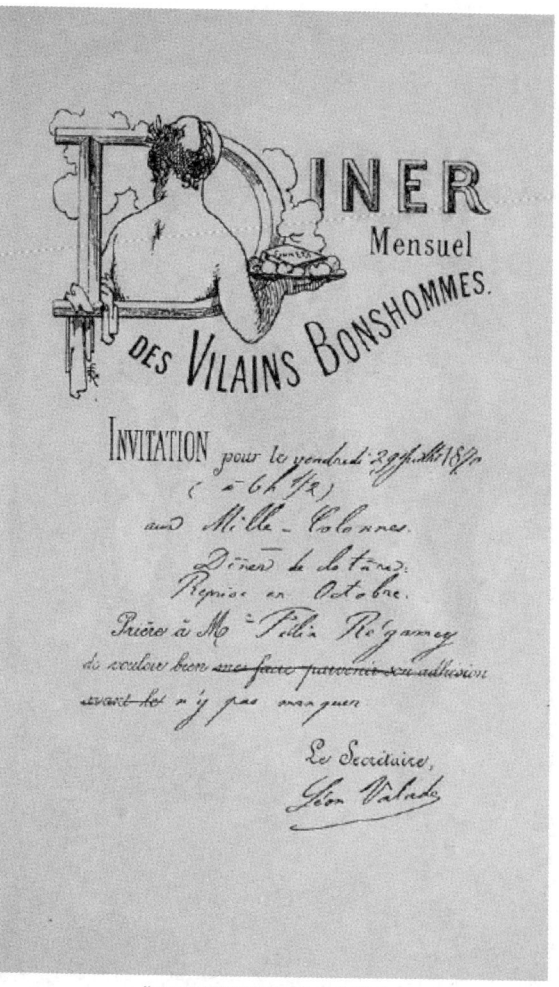

"丑陋的家伙"月度晚宴请柬

保罗·魏尔伦画的在波比诺剧院咖啡馆
"丑陋的家伙"晚宴上的自己和瓦拉德、梅拉

流星的**光辉**,除了自身的存在外,没有别的动机可以点燃它。它破空而来,然后熄灭。当然,如果没有这样一个过客,所有这一切都还会存在,因为没有一种文学环境真正为它做好了准备,但是这个个例依旧顽强地存在着……

我没和他碰过面,但我曾经在一次文学餐会上看到过他,战争结束时匆匆凑齐的那种——"丑陋的家伙"的晚餐……d

尽管有着良好开端,但事情很快急转直下。巴黎公社使这群人有了芥蒂,他们中的左派追随夏尔·克罗,在10月份另立门户,组成了更激进的(反巴那斯的)"诅咒派"(Cercle Zutique):遇到当权派就诅咒一声"该死"。(更保守的成员留在了"丑陋的家伙",直到1872年快到年末时解散。)诅咒派在拉辛街与医学院街拐角处、面朝圣米歇尔大街的外国人饭店楼上碰面。欧内斯特·卡巴内[1]照料着酒吧,弹弹钢琴,并教年轻诗人一些半音音阶的基本概念。一天,兰波过河去了罗莱特圣母教堂街10号:专门去了同为诅咒派的埃蒂安·卡尔雅[2]的摄影工作室。鉴于上一年魏尔伦曾坐在那儿拍过肖像,那么当卡尔雅为兰波拍摄那张法国文学史上最具标志性的肖像之一的时候,魏尔伦很可能见证了这一幕。

当兰波希望讨得诅咒派的欢心的时候,事实上他很快

---

[1] Ernest Cabaner(1833—1881),作曲家,钢琴家,诗人。
[2] Étienne Carjat(1828—1906),记者,讽刺画家,摄影家。

阿尔蒂尔·兰波
艾蒂安·卡尔雅摄,约 1871 年

就开始过河拆桥了。莫泰·德·弗勒维尔一家自然是不欢迎他的。（玛蒂尔德说，她第一次见到虱子是当肮脏的诗人离开后在他的枕头上见到的。当她提起这件事时，她的丈夫笑着说，他喜欢把它们养在自己的头发里，见到神父的时候就弹到他们身上去。）离开尼科莱街后，他在外国人饭店待了下来，作为给卡巴内当助手的交换。这样的安排难以为继的时候，夏尔·克罗收留了他。不在塞吉耶街13号克罗与画家米歇尔·厄德（又名米歇尔·德莱，绰号"佩努泰"）[1] 共用的公寓，兰波就在拉丁区一带闲逛，很快就落了个人见人嫌。在克罗、吉尔和卡巴内处待了一阵后，他甚至还在邦维尔那里住了几天，就在这位"老白痴"提供的位于布奇街10号他公寓上方的顶楼房里。野史记载，他每搬一次都使得别人抱怨不迭：在克罗家的时候他曾将主人的诗歌从报刊上撕下来用作卫生纸；发现管家已经把他的皮靴擦拭过并且上了蜡，他马上跑到街上重新弄脏它们，还把污泥带进屋里来；费利西安·尚索尔[2] 出版的真人小说《狄纳·塞缪尔》（*Dinah Samuel*，1882）声称兰波曾从吉尔那里偷过东西；最后，在邦维尔的阁楼上，他曾赤身裸体地站在窗户前，把撕碎的衣服朝屋顶上扔，打破了洗手盆和镜子，把仍然完好的家具全卖了。曾在32行的《传奇》（*Roman*，*OC*，88—89）中把 On n'est pas sérieux,

---

[1] Michel Eudes（1849—1900），或 Michel de L'Hay、Pénoutet，画家，版画家。
[2] Félicien Champsaur（1858—1934），作家，记者。

quand on a dix-sept-ans（十七岁时我们无所谓）写了两遍的诗人无疑是在现身说法。他的举止越来越令人憎恶，甚至对颇为同情他的人也是如此。一批作家出席了阿尔贝·格拉蒂尼某出戏的首演，翌日，1871 年 11 月 16 日，魏尔伦的童年好友埃德蒙·勒佩勒捷[1]（化名加斯东·瓦朗丹[Gaston Valentin]）在《人民至上》(Le Peuple souverain) 报上发表了以下报道：

> 巴那斯派全体到场，大厅内人头攒动，笑语盈盈，他们的出版商阿尔方斯·勒梅尔警觉地注视着这一切。人们不时看到金发的卡蒂尔·孟戴斯[2]与头发更加金黄的[阿尔贝·]梅拉手挽着手，莱昂·瓦拉德、[莱昂·]迪耶克斯[3]和亨利·乌赛[4]也在聊天。忧郁诗人保罗·魏尔伦的胳膊挎着一位迷人的年轻人，兰玻[原文如此][5] 小姐。总之，这是奥德翁剧院的一个美好夜晚。

尽管发生了这么多戏剧性的变化，诅咒派仍然定期聚会，并创作了酣畅淋漓的涂鸦诗画，称为《诅咒诗画集》(Album zutique)，流传了大约九十年后，终于在 1961 年结

---

1 Edmond Lepelletier (1846—1913)，记者，诗人。
2 Catulle Mendès (1841—1909)，作家，诗人。
3 Léon Dierx (1838—1912)，巴那斯诗人，画家。
4 Henri Houssaye (1848—1911)，历史学家，艺术及文艺批评家。
5 报道里把 Rimbaud 写成了 Rimbaut。

集出版。ᵉ 这些文字和插图事实上只是圈内笑话，质量参差不齐。一个重要特征，一个诅咒派的常用手法，在《与诗人谈花》这首诗的结尾已经显露无遗：在他们的诗中——其中许多是模仿——诗歌最后首先是被模仿的诗人的虚假签名，然后是实际写诗的人的名字缩写。用这一手法写成的最著名的诗无疑是《屁眼的十四行诗》(*Sonnet du Trou du Cul*, *OC*, 171)，是魏尔伦和兰波对梅拉的诗集《偶像》(*L'Idole*) 的戏仿，梅拉在该诗集中用十四行诗讴歌了女性身体的不同部位。魏尔伦后来在他的同性恋诗集《游戏拼图》(*Hombres*, 1904) 中收入了这首诗，而在 1883 年 12 月写给夏尔·莫里斯[1]的信中，他把前两个四行节归于自己，把后两个三行节归于兰波：

L'Idole.

Sonnet du Trou du Cul.

Obscur et froncé comme un œillet violet

Il respire, humblement tapi parmi la mousse

Humide encor d'amour qui suit la fuite douce

Des Fesses blanches jusqu'au coeur de son ourlet.

---

[1] Charles Morice (1860—1919)，作家，诗人和杂文家。

Des filaments pareils à des larmes de lait
Ont pleuré, sous le vent cruel qui les repousse,
À travers de petits caillots de marne rousse
Pour s'aller perdre où la pente les appelait.

Mon Rêve s'aboucha souvent à sa ventouse;
Mon âme, du coït matériel jalouse,
En fit son larmier fauve et son nid de sanglots.

C'est l'olive pâmée, et la flûte câline;
C'est le tube où descend la céleste praline:
Chanaan féminin dans les moiteurs enclos!

Albert Mérat.

P. V. —A. R.

偶像
屁眼的十四行诗

褶皱暗沉如紫色康乃馨
它喘息着，轻蜷在泡沫里
仍残留爱的湿润，随着愉悦的倾泻
从白色的臀部直至褶边的中心。

犹如牛奶色眼泪的细丝
哭泣，在烈风的催动下
穿过红色泥浆的微小硬块
向天性召唤之处沉沦。

我的梦总深入它的风门；
我的心神，妒羡肉体的交媾，
把它变为野性的内眦和啜泣的窝巢。

它是蘸水的橄榄，被抚的长笛，
是神圣的糖果穿过的管道：
所有湿润密穴里阴性的迦南！

阿尔贝·梅拉
保·魏，阿·兰

  这首十四行诗包含了精心结构的亚历山大体诗行和整饬的押韵规则，很能说明问题，但是细看之下却是不一般。它以模仿同为诅咒派的梅拉开始；作为两人共同完成的作品，它打破了抒情作为个人灵感的源泉这一传统；它用赤裸裸的、人人都能识别的粗俗的语言赞美鸡奸，满纸充斥着同性恋的隐语（第一行中的康乃馨即俚语中"肛门"的意思)。把十四行诗贴在没有一丝阳光的地方,借此嘲讽韵诗那日薄西山的所谓的高远志向,还有比这更好的办法吗?在第一行中,字母 o 接二连三地出现——Obscur et froncé comme un œillet violet——再三提醒读者注意占据诗歌中心地位的事物。

在巴黎的日子里,兰波并非总在游玩和招惹巴黎的精英,毕竟在这段时间里他还写下了另一首杰作《元音》(Voyelles, OC, 167)。据说这首诗的灵感部分来自于卡巴内教给他的音阶,卡巴内给音符上了色,给每个音符一个元音的声音。无论灵感来源于什么,兰波又一次以十四行诗的形式为诗歌创作制定了蓝图:

> A noir, E blanc, I rouge, U vert, O bleu: voyelles,
> Je dirai quelque jour vos naissances latentes:
> A, noir corset velu des mouches éclatantes
> Qui bombinent autour des puanteurs cruelles,
>
> Golfes d'ombre; E, candeurs des vapeurs et des tentes,
> Lances des glaciers fiers, rois blancs, frissons d'ombelles;
> I, pourpres, sang craché, rire des lèvres belles
> Dans la colère ou les ivresses pénitentes;
>
> U, cycles, vibrements divins des mers virides,

Paix des pâtis semés d'animaux, paix des rides
Que l'alchimie imprime aux grands fronts studieux;

O, Suprême Clairon plein des strideurs étranges,
Silences traversés des Mondes et des Anges;
— Ô l'Oméga, rayon violet de Ses Yeux!

A黑，E白，I红，U绿，O蓝：元音，
终有一天我要道破你们隐秘的身世：
A，苍蝇身上的黑绒背心，
围绕着腐臭嗡嗡不已；

阴暗的海湾；E，汽船和乌篷的天真，
巍巍冰山的尖顶，白袍皇帝，伞形花的颤动；
I，殷红，咳出的鲜血，美人嗔怒
或频饮罚酒时朱唇上的笑容；

U，圆圈，青绿海水神圣的激荡，
散布牛羊的牧场的宁静，炼金术士
宽阔的额头上的智者的皱纹。

O，奇异而尖锐的末日号角，
穿越星球与天使的寂寥；

——噢，奥米茄眼里的紫色的柔光。

元音和颜色之间的相互作用不是"所有感官的错乱"的基本组成部分，而是发明和发现新联想的平台，这些例子处理的是近似、主题变化和相同品质的召唤：红色代表血液和嘴唇，绿色代表牧场和大海。有时这种关系是物理性质的：荡漾着的波浪看似字母 u，小号声在 O, Suprême Clairon 一句中清晰可见，但是这些关联只发生在声音、颜色和形状等水平上；意义是抽象的，声音是随意的。另一方面，因为字母遵循着 A—E—I—O—U 这样的常规顺序，所以有着不可否认的逻辑关系存在——或者说，它们表示

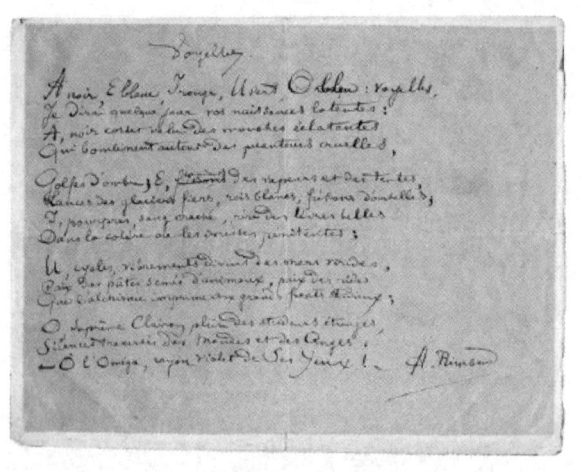

兰波《元音》手稿

接受这一顺序，也几乎遵循它，但实际上并没有。兰波认可常规顺序，在更改它的同时也再现了它，并产生了一个新系列，一眼望去便知是以旧翻新。颠覆传统逻辑，同时又为它保留足够的组成部分，以便我们追踪他的步骤，这就是"所有感官的错乱"的一个令人信服的例子。

实际上，给德梅尼的信中其他部分也表达了对创新的渴望：

> 这些诗人将存在！一旦女人那漫无尽头的奴役被打破的时候，当她自利、自主地生活的时候，当男人——迄今为止是那么可恶——释放她以后，她也将成为诗人！女人会发现一些未知的东西！她的精神世界会与我们的迥然有别吗？——她会发现奇怪的、深不可测的、令人反感的奇妙的东西；我们会接受这些东西，会理解它们。

兰波并非提出一项原始的女权主义宣言，但也不全然是言不由衷的，只是大呼小叫地将他的对话者一军，把东西扔在墙上，看看什么东西有黏性。相反，他设想了各种诗歌创作的可能性，其中女性可以成为创造者、诗人和未知之源。的确，兰波非常欣赏玛塞丽娜·戴博尔德-瓦尔莫尔[1]和路易莎·西费尔等诗人。但是这里女性可以成为诗

---

[1] Marceline Desbordes-Valmore（1786—1859），自学成才的女诗人。当过演员，后专心写作。其作品在当世即获肯定，并对后世诗人，如魏尔伦、兰波等影响至深。

人这一简短的评论——将来时态下的"她也将成为诗人"——只是创造力和独创性在未来的许多表现形式之一，一旦清除了"主观诗歌"这株腐朽之树，为新的发展铺平了道路，创造力和独创性就会自由飞翔。

无论兰波对未来诗歌创造力的设想有多么理想化，他发现要挺过眼下委实不易。1872年1月13日，醉醺醺的魏尔伦大发雷霆（好像是因为他的咖啡端上来的时候有点冷），把两个半月大的儿子乔治摔到了墙上，然后逃往勒克吕兹街他母亲家。第二天早晨他回到家中，清醒后懊悔不迭，然后又出去喝了一整天的酒。尽管他早先答应过会注意自己的举止，但是那天晚上他还是撞开了玛蒂尔德卧室紧锁着的门，最后被她父亲踹了出去。第二天医生检查发现，她的脖子上有瘀伤，是险些被掐死的印记。她抱着乔治逃离了家。于是魏尔伦与兰波共处的时间越来越多，在巴黎的咖啡馆里喝苦艾酒喝得酩酊大醉。因为无法将年轻朋友安置在莫泰家，魏尔伦便在康巴涅街为兰波租了一个房间。从1月到3月，兰波与画家让-路易·福兰[1]合住一间，诗人亲切地称他为伽夫洛什：就像《悲惨世界》中的这个角色一样，福兰曾在抗击普鲁士的战争中服役过。

到了2月，魏尔伦已经汇总了不少兰波的诗歌（其中

---

[1] Jean-Louis Forain（1852—1931），画家，插画师和雕刻家。

大部分是他亲手誊写的），足够单独结集。今天被称为"魏尔伦藏稿"（recueil Verlaine）的这组诗歌编号为 1 至 24 页，这位年长的诗人还添加了一个目录。考虑到在此期间两位诗人整日厮守在一起，很难想象魏尔伦会不听取兰波的意见而擅自将后者的作品分类或编序。[1] 接下来的一个月，他们参加了 3 月 2 日的诅咒派聚会。当奥古斯特·克雷塞尔[1]高声朗诵自己的诗作《战斗的十四行诗》的时候，兰波在每一行结束的时候都会大叫一声"吃屎去吧！"。晚会很快乱作一团：卡尔雅骂兰波是癞蛤蟆，后者用剑杖刺了摄影师，可能是当场回敬的，也可能是稍后干的——兰波被驱逐出去后，在过道里守着卡尔雅，在他出来的时候扑了上去。兰波被禁止参加以后的晚餐，卡尔雅把他在 1871 年为兰波所拍的那张肖像的底片和照片都扔掉了，阿尔贝·梅拉拒绝让亨利·方丹-拉图[2]将自己画入他的集体肖像《桌子一角》——自 1 月份以来亨利·方丹-拉图一直在画这幅画。该画原定于当年 5 月在沙龙展出，现在挂在奥赛美术馆。亨利·方丹-拉图已经为梅拉画好了素描，后来只好用一瓶鲜花掩盖了。

诅咒派受够了，巴黎受够了，穷途末路的兰波只得退回夏尔维尔，但时隔不久，他又再度出走。

---

1 Auguste Creissels（1824—1882），巴那斯诗人。
2 Henri Fantin-Latour（1836—1904），画家，以花卉作品和巴黎艺术家、作家集体肖像闻名。

桌子一角，亨利·方丹-拉图绘，巴黎，1872
坐者（左至右）：保罗·魏尔伦，阿尔蒂尔·兰波，莱昂·瓦拉德，欧内斯特·戴尔维利，卡弥耶·佩乐丹，以及一瓶花（在原本画阿尔贝·梅拉的地方）
站立者（左至右）：皮埃尔·埃尔泽阿，爱弥儿·布莱蒙，让·艾卡

4　城市

既然巴黎不再欢迎兰波,他就和德拉埃在夏尔维尔光顾各种酒吧。与此同时,魏尔伦回到了首都,向玛蒂尔德保证他已经和兰波分了手,说服她返回巴黎,她在3月中旬也这么做了。至少在表面上,婚姻秩序得以恢复,但是在她背后(毫无疑问也在她鼻子底下),两位诗人仍然保持着定期书信往来。5月初,兰波悄悄返回巴黎,两人故态复萌。如果说她丈夫醉醺醺回家的次数越来越多,玛蒂尔德可能怀疑其中有蹊跷,那么当他回家的时候流血不止,她就该担心了。那是5月9日,据目击者夏尔·克罗称,他们在"死鼠"咖啡馆(位于皮加勒广场)喝酒时,兰波在玩一把刀,突然将它刺进了魏尔伦的手和腿。刀这一话题在6月还会出现,喝醉了的魏尔伦在一家餐馆里拿着刀威胁玛蒂尔德(前一天晚上,他还试图烧她的头发)。同月,兰波在一封给德拉埃的信中描述了他最喜欢的消遣,信写自"巴谢特"(Parshit),日期为"约在6月"(June-ish):他高喊"尽管侍者脾气暴躁，但苦艾酒俱乐部万岁"，并描述了他夜间的写作节奏和白天喝酒取乐一样有规律（*OC*, 368）。

尽管他的作息时间非常散漫，但是兰波专心创作的时候还是写下了许多诗歌，它们通常被称为《最后的诗》，因为那是他写下的最后的韵诗：《泪》《加西河》《渴的喜剧》《晨思》《耐心的节日》（最初名为《五月的旗帜》）《高塔之歌》《永恒》《黄金时代》《新婚夫妇》《她是埃及舞女？……》《花坛……》《饥饿的节日》《噢，季节，噢，城堡……》《记忆》《你听，四月里……》《羞耻》《米歇尔和克利斯蒂娜》《怕什么》和《乌鸦》。

模仿诅咒派的作品所表现出的轻蔑（例如向梅拉的诗集《偶像》致敬的那首十四行诗）有了更多的讥讽对象，这次是韵诗。与刺伤魏尔伦时酒徒的鲁莽不同，在这里，他如外科医生一般精准地切开了亚历山大体诗句，在这一点上十六行诗《泪》（*Larmes*, *OC*, 207）就是一例。诗中的主体拙于刻画事物——j'eusse été mauvaise enseigne d'auberge（我只会是小客栈的一块破招牌），与此呼应的，是不作区分的泪水、酒和河水等液体，所有这些都使这首诗的情感框架更加复杂，因为一系列近似和故意的接近失误颠倒了含义和押韵。兰波在认可规则的同时又轻视规则。声音的重复贯穿这首诗的四个小节，全诗充满了 loin（远）和 eau（水）等词中的 wa 和 o 的元音谐音以及它们在

oiseaux（鸟）一词中的组合，产生了铿锵的韵律，将声音的重要性从句尾或停顿之前的传统位置中分离出来。由于没有了常规的停顿，所以后一个选择变得更加复杂：这些诗行只包含十一个音节，因此不能分为两半。《记忆》（*Mémoire*, OC, 234—235）是这一阶段又一首韵律被撕碎了的诗，诗中留存的亚历山大体的最后痕迹被捶击得体无完肤，无法辨认。这是一首抹去韵律的诗，是在废墟上纪念韵律的辉煌过去。在《晨思》（*Bonne pensée du matin*, OC, 202）中，诗律在被清除的那一刻获得展示，宿醉醒来的清晨并不像看起来那样完美，因为诗歌先以三行八音节诗句接一行六音节诗句这样的小节开始——甚至以清晰的时间标记做了预告 quatre heures du matin, l'été（夏季，凌晨四点）——很快就变得缺乏秩序和节奏，笨拙地、跟跟跄跄地穿过诗行，破坏了诗歌的韵律。一般情况下应该读作十个音节的诗行必须以走捷径的形式，利用单词之间的省音和其他非常规的做法来发音。诗歌开头给出的确切时间其实带有欺骗性，因为其余的诗行在八、九、十个音节之间摇摆不定，没有任何可辨别的模式。兰波单刀直入地探究这样的问题：读诗意味着什么，什么内部规律应该支配我们的诗歌体验。最后，他变本加厉，彻底颠覆了诗歌的最后一节：第五节也是最后一节以较短的第一行开始，然后才是较长的诗行。之后，仿佛在取笑这首诗本身，也许是取笑读者，兰波突然用一句亚历山大体诗行 En attendant le bain [+] dans la mer à midi（当他们等待正午大海的沐浴）鼓吹一种即使是最守旧的诗人也会额手称庆的秩序。这种完美的和谐与对称蕴含着讽刺，因为——正如兰波在多个层面上所知道的——已经无家可归：诗歌已经挣脱了韵律的桎梏，任何企图羁縻它的尝试都是不合时宜的。

魏尔伦越来越把巴黎的婚姻生活看成过往烟云。他和兰波脚底抹油，前往布鲁塞尔，这座城市长期以来一直是躲避第二帝国审查员和巴黎保守主义的避风港。1862年，出版商奥古斯特·布雷-马拉西斯（Auguste Poulet-Malassis）逃往布鲁塞尔以躲避债权人；在那里，他出版了好几部诗集，包括波德莱尔写的放荡淫靡的诗。1867年，他推出了五首魏尔伦歌颂性爱的十四行诗，题为《情人们》，在书名页上，魏尔伦署名"被开除的帕勃罗·德·赫拉格尼兹（Pablo de Herlagnez）"。与魏尔伦和玛蒂尔德和解之后两位诗人仍一直保持着秘密往来同出一辙，这一次魏尔伦也在兰波不知情的情况下写信给玛蒂尔德。后来，在回忆录中，她凭记忆引用了其中一封——"我可怜的玛蒂尔德，不要悲伤，不要哭泣；我做着一个噩梦，我总有一天会回来的"[a]——声称魏尔伦要她带上他的个人物品，因为当他和兰波从巴黎溜出来时，他只带了手杖和帽子。机不可失，玛蒂尔德和魏尔伦的母亲一起去了布鲁塞尔，试图让他永远离开兰波。她的恳求似乎奏效了：魏尔伦与这两位女性一起登上了一列开往巴黎的火车。应该说，玛蒂尔德的恳求很快失效了：兰波偷偷地登上了同一列火车，在越过边界进入法国之前为了通关而停车的时候，他说服魏尔伦改变了主意。两位诗人再次前往布鲁塞尔，玛蒂尔德只好返回巴黎，10月初她正式要求合法分居，声称丈夫和兰波之间的关系"不干不净"。[b]

正是基于上述这几个月的事件，某位隆巴（Lombard）警官（他受命监视两位诗人）写下了他的报告。尽管有一些错误，但"罗贝尔·魏尔伦（Robert Verlaine）"和"雷姆博（Raimbaud）"的故事（还有"夏尔·德·西夫里"客串出演）还是精彩纷呈：

以下这一幕发生在布鲁塞尔。

巴那斯诗人罗贝尔·魏尔伦与作曲家兼钢琴家西夫里的妹妹结婚已有三四个月，西夫里在巴黎公社后曾被关押在萨道里[1]，然后被运走、释放。

他们是在去年年初或年中结婚的。

尽管魏尔伦有时犯傻（他的脑子很久前就脱轨了），总的说来这对夫妻还算和谐。不幸的是，一个来自夏尔维尔的男孩雷姆博独自一人到了巴黎，向巴那斯诗人们展示自己的作品。就道德和才华而言，这位15至16岁的雷姆博过去和现

---

1 Satory，凡尔赛城西南部的一个区域。巴黎公社失败后，一些幸存者被关押在此处的军营。

在都是妖孽。

他的作诗技巧无人匹敌,只不过他的作品绝对令人费解、反感。魏尔伦爱上了雷姆博,后者和他一样热情澎湃。他们去比利时品尝了内心的安宁以及随之而来的一切。

魏尔伦带着无比轻松的心情离开了他的妻子,但据称她非常讨人喜欢且彬彬有礼。

在布鲁塞尔人们见到这一对恋人卿卿我我,不避耳目。不久前,魏尔伦夫人到那里寻找丈夫,想把他带回去。魏尔伦回答,为时已晚,和解是不可能了,此外,他们再也无法控制自己了。"我厌恶婚姻生活。"他嚷道,"我们像老虎一样做爱!"他边说边让她看他的胸部:他的朋友雷姆博用刀给他文身,把他扎伤。这两人像凶猛的野兽一样互相殴打和折磨,为的是弥补错过的乐趣。[c]

与此同时,魏尔伦和兰波成功脱身。首先从布鲁塞尔到奥斯坦德,然后在9月7日越过英吉利海峡,到达查令十字车站,在所谓的法国区(今天的Soho)度过一段时光。魏尔伦描述了这次渡海来到多佛的经历——"一个平庸的小镇,却有着绝妙的峭壁"——在那里他们吃到了鸡蛋和茶:"这是我第一次见识英国的星期日,其实没有那么可怕。"[d]魏尔伦曾一度去比利时试图与妻子和解,但无功而返,又回到兰波的身边。在伦敦,他们结识了不少逃离巴黎后待在伦敦的前公社社员,甚至搬进了其中一人以前住过的房间：欧仁·韦尔默施，因为即将结婚正搬出去。他们的房间在菲茨罗维亚的霍兰德街 34—35 号；1938 年，就在该建筑物被拆除之前，那块表明两位诗人在此居住过的牌匾被捐赠给了魏尔伦的故乡梅斯。他们与曾经的"丑陋的家伙"一员、插画家费利克斯·雷加美[1]一起度过的时光——特别是在雷加美位于朗汉姆街 16 号的工作室中——启迪了与前一年的诅咒派诗歌非常相似的作品，这次是基于雷加美的图册。他们互相启发：兰波写下了诗歌《捡球的孩子》(*L'enfant qui ramassa les balles...*)ᵉ，雷加美则画下他们两人在伦敦散步的素描。

魏尔伦和兰波越来越担心玛蒂尔德的法律诉讼，于是要求兰波太太介入，她答应了，尽管她在巴黎的尝试一无所获。不过，在魏尔伦的帮助下，她还是说服了儿子回到夏尔维尔，在那里住了几周。离开了兰波的魏尔伦在伦敦百无聊赖，独自一人为葬送了自己的婚姻、失去了传统的体面懊悔不已。在沮丧和身体不适的情况下，魏尔伦向好几个人发出了求救信，他母亲和兰波做出了回应，前者赶来和他共度新年，后者于 1873 年 1 月 3 日赶到。团聚以后，两位诗人又故态复萌，在城市里悠闲地散着步——"特鲁里街、白教堂、皮姆利科、天使街、伦敦城和海德公园等地对我们来说没有什么神秘可言"(*Corr.*, 301)——

---

[1] Félix Régamey（1844—1907），画家，漫画家。

伦敦街头的兰波和魏尔伦
费利克斯·雷加美绘，1872

写作诗歌，学习英语，尤其是阅读（5月，魏尔伦告诉勒佩勒捷"我用英语读完了所有爱伦坡的著作"，Corr., 314）。魏尔伦的情绪大为好转；他在2月给布莱蒙的信中说，他盼着夏天来到，和兰波一起去布莱顿，然后去苏格兰或爱尔兰。

3月24日，魏尔伦填写了一张大英图书馆（当时是大英博物馆的一部分）阅览室的阅览证。次日，兰波如法炮

在椅子上打盹的兰波
费利克斯·雷加美绘，1872

制，19 岁的他在登记簿第 1351 行签下了他的名字：

> 我已经读过《阅览室须知》，
>
> **我声明我已满二十一岁**
>
> 1351 阿尔蒂尔·兰波，菲茨罗维亚广场西，霍兰德街 34 号。

在那里他们还将看到其他法国流亡者，包括韦尔默施，此人几乎每天早晨都在那里。据说，兰波请求借阅萨德侯爵的作品，但是被拒绝了。

除了兰波的阅读，我们尚不知道他第二次在伦敦逗留的细节，但他在伦敦和布鲁塞尔的时光无疑有助于他欣赏现代城市景观，而现代城市景观正日益成为他诗歌创作的背景。他将清除韵律一事暂时搁置一边，而是充分利用散文诗流走顺畅和不断变换形式的特点来描述他正在发现的新城市空间，这么做毫无疑问是受到了波德莱尔城市散文诗的启发——这些诗写于 1850 年代和 1860 年代，但直到 1869 年诗人去世后才完整结集出版，编辑是夏尔·阿塞里诺[1]和（无巧不成书）泰奥多尔·德·邦维尔。在读《桥》(*Les Ponts*, OC, 300) 的时候，读者自然而然地想起伟大的后印象派绘画中 1870 年代的伦敦。当然，这些桥梁横跨的是泰晤士河，但它们同时也遍布所有现代城市，塞纳河

---

[1] Charles Asselineau（1820—1874），作家，艺术评论家。波德莱尔的密友，第一个为波德莱尔写传。

沿岸的疏离感也并无二致。抒情时代已经一去不复返了：兰波客观诗歌的这一例子从开头起就不见人影，以此凸显场景的重要：

> Des ciels gris de cristal. Un bizarre dessin de ponts, ceux-ci droits, ceux-là bombés, d'autres descendant ou obliquant en angles sur les premiers, et ces figures se renouvelant dans les autres circuits éclairés du canal, mais tous tellement longs et légers que les rives chargées de dômes s'abaissent et s'amoindrissent.

> 灰色的水晶天空。奇形怪状的桥梁，或直，或拱形，或下垂，或与前面的桥成一定角度而倾斜，这些形状在运河的其他明亮的河网上重复出现，它们又长又轻，让布满圆顶的堤岸低垂，缩小。

视角是相对的：这些桥梁以一定角度倾斜，彼此重复，自己创造形状。面对这些新近形成的形状，诗歌的主体并非高屋建瓴一般的无所不知，所以不确定的表达比比皆是：On distingue une veste rouge, peut-être d'autres costumes et des instruments de musique. Sont-ce des airs populaires, des bouts de concerts seigneuriaux, des restants d'hymnes publics? （能看出一件红外套，或者还有别的衣服和乐器。它们是流行曲调、城堡音乐会的片段或公众赞美诗的孑遗？）身处陌生环境,加之怎么也无法清晰地辨别,因此短时间内根本无法消化它们,所以就变成了噪音,在最后一行所包含的消除中自我否定:Un rayon blanc, tombant du haut du ciel, anéantit cette comédie(一道白光,从天上落下,终止了这出喜剧)。

但是这些都市散文诗中的诗歌主体 je(我)并没有被完全消除;有时候,他看到并描述了周围的现代性,这种能力本身恰恰是富有诗意的,例如《城市》(*Ville*, *OC*, 300—301):

> Je suis un éphémère et point trop mécontent citoyen d'une métropole crue moderne parce que tout goût connu a été éludé dans les ameublements et l'extérieur des maisons aussi bien que dans le plan de la ville. Ici vous ne signaleriez les traces d'aucun monument de superstition. La morale et la langue sont réduites à leur plus simple expression, enfin! Ces millions de gens qui n'ont pas besoin de se connaître amènent si pareillement l'éducation, le métier et la vieillesse, que ce cours de vie doit être plusieurs fois moins long que ce qu'une statistique folle trouve pour les peuples du continent. Aussi comme, de ma fenêtre, je vois des spectres nouveaux roulant à travers l'épaisse et éternelle fumée de charbon, — notre ombre des bois, notre nuit d'été! — des Erinnyes nouvelles, devant mon cottage qui est ma patrie et tout mon cœur puisque tout ici

ressemble à ceci, — la Mort sans pleurs, notre active fille et servante, un Amour désespéré, et un joli Crime piaulant dans la boue de la rue.

　　我是现代大都市中的一介蜉蝣,一个算不上满腹牢骚的公民,因为家具、房屋的外部以及城市布局都避免了各种俗气的品位。在这里,你找不到一丝迷信的建筑的陈迹。道德和言语总算被还原为最简单的表达!无需彼此认识的芸芸众生接受着同样的教育,做着同样的买卖,过着同样的晚年,根据一些非理性的统计数字,这种相似性使他们的生命比大陆上的人短了好几倍。从我的窗户看去,新的鬼魂在浓浓的、缕缕不绝的煤烟中游荡——这是密林中我们的影子,我们的夏夜!——新的复仇女神来到了我的村舍前,那是我的故园,我的心灵,因为这里的一切都与之十分相似——无泪的死亡,我们活跃的女儿和仆人,绝望的爱,以及在泥泞的街道中哭泣的美丽的罪孽。

目光犀利的读者可以发现,这个极富讽刺意味的文本中贯穿了两个声音:诗人的声音和他所批评的对象的声音。与兰波区分主体诗歌和客体诗歌的愿望一致,在《城市》中,作为诗歌主体那个"我"——除了成为"另一个"之外——还被设定为嘲笑的对象。第一个声音来自大都市中一位普通居民,他身处一个完全没有品位的现代城市,颇为沾沾自喜,"我"的地位因为第二句中的"你"得到强化，在该句中我们了解到宗教已经超越了天真和迷信，而"总算"这样的喟叹则继续将主体固定在对城市景观的描写中，那里的道德是自由的，语言是直接的。讽刺是通过诗人的嘲讽来实现的：这份嘲笑始而断断续续，终而占据主导地位，挪揄了对现代性的辩护。污染、孤独和犯罪，诸如此类的城市瘟疫猖獗蔓延；这样的地方不可能让人觉得满足，它缺乏品位，表情呆滞，就像复仇女神一样散发着暴力。当先前浪漫而令人松弛的夏夜与树林中诡谲的阴影相提并论的时候，主体事实上正处在一个险象环生的地方，他寻觅不到舒适之处，也没有人听他的"无泪的死亡"：开始时毫无面目、毫无品位的城市最终化为寓言和臭水沟中的嚎叫。

兰波在类似的城市主题之下还写了许多其他的散文诗；尽管它们大部分都未注明日期，但极有可能是受到了他在欧洲主要城市度过的时光的启发，譬如，《大都会》(*Métropolitain*，*OC*，308—309)，《岬角》(*Promontoire*，*OC*，310) 和两首名为《城市》的诗，其中一首的开头是 Ce sont des villes!（"它们是城市！"，*OC*，301—302）。另一首的开头是 L'acropole officielle [...]（"官方卫城"，*OC*，303—304）。但是他并没有完全放弃韵诗，正如他巧于为被自己嘲笑和撕裂的东西保留可辨认的痕迹那样，他背离韵诗也为法国诗歌带来两首最早的自由诗，它们是《航海》(*Marine*，*OC*，307—308) 和《运动》(*Mouvement*，*OC*，312—313)。当兰波从一旁经过，走向新事物的时候，他也让韵诗发出最后的喘息,这一做法使人想起他的"通灵人"的命令——"如果他从那里带回来的东西有形,他就给出形式;如果是无形的,那么就给出无形。"

Marine

Les chars d'argent et de cuivre —

Les proues d'acier et d'argent —

Battent l'écume, —

Soulèvent les souches des ronces —

Les courants de la lande,

Et les ornières immenses du reflux,

Filent circulairement vers l'est,

Vers les piliers de la forêt, —

Vers les fûts de la jetée,

Dont l'angle est heurté par des tourbillons de lumière.

航海

银车马,铜车马——

钢船头,银船头——

撞碎浪花,——

将荆棘连根拔起。

荒野之河，

退潮后的巨大车辙，

朝着东方流转，

朝向森林廊柱，

朝向码头的柱子，

光的漩涡拍打着棱角。

Mouvement

Le mouvement de lacet sur la berge des chutes du fleuve,

Le gouffre à l'étambot,

La célérité de la rampe,

L'énorme passade du courant

Mènent par les lumières inouïes

Et la nouveauté chimique

Les voyageurs entourés des trombes du val

Et du strom.

Ce sont les conquérants du monde

Cherchant la fortune chimique personnelle;

Le sport et le comfort voyagent avec eux;

Ils emmènent l'éducation

Des races, des classes et des bêtes, sur ce Vaisseau.

Repos et vertige

À la lumière diluvienne,

Aux terribles soirs d'étude.

Car de la causerie parmi les appareils, — le sang, les fleurs, le feu, les bijoux —

Des comptes agités à ce bord fuyard,

— On voit, roulant comme une digue au-delà de la route hydraulique motrice,

Monstrueux, s'éclairant sans fin, — leur stock d'études; —

Eux chassés dans l'extase harmonique,

Et l'héroïsme de la découverte.

Aux accidents atmosphériques les plus surprenants

Un couple de jeunesse s'isole sur l'arche,

— Est-ce ancienne sauvagerie qu'on pardonne? —

Et chante et se poste.

运动

河流坠落，河岸摇荡不息，

船尾的深渊,

斜坡迅疾,

急流澎湃,

以奇异的闪光

与变幻的波浪

牵引游人,

他们正浸在波谷的龙卷风里。

他们是世界的征服者,

寻求着各自变幻莫测的命运;

运动和舒适与他们同行;

他们在这艘船上

统领着种类、阶级与禽兽的教育,

并歇息、晕眩,

在洪荒时代的光芒里,

在恐怖的探索之夜。

因为这些仪器中,——血液、鲜花、火焰与宝石,——

从逃亡的河岸澎湃的数据中,

人们看见水路之外,河堤似的列车奔驰,

魔幻般地闪着无尽的光芒,——他们的成果;

被逐入和谐的沉醉,

与发现的英雄主义。

> 在这举世震惊的事变中,
> 一对年轻情侣远离人群躲入拱廊,
> ——这便是人们宽恕的古老的孤僻?——
> 唱歌,守望。

这些诗标志着新事物,这样的说法未免轻描淡写。甚至大约十年后,首次出版这些诗歌的杂志也不知道该怎么看待它们。《浪潮》杂志(*La Vogue*)通常以罗马字体印刷散文诗,以斜体印刷自由诗,因此当 1886 年 5 月 29 日登载《航海》的时候,他们用的是罗马字体——意思是散文诗——6 月 21 日的《运动》则用斜体字登载,意为自由诗。

在这些诗所提供的现代城市景观中,城市风光和田园景色融合在一起,林林总总的形状相互碰撞、交汇,气势萧森的工业横梁风驰电掣般飞越大都市,迂回曲折,世所罕见,而现代词汇锻造了一种新的诗歌语言:这些气势庞大、令人心旷神怡的英雄般的场面确实预示着新的未来。还有一个新的认识:如果《运动》中的这对情侣不是带着乐观主义而"唱歌,守望",那么他们至少关注着去向和未来。未来不取决于过去,它取决于现在,而现在自身也已经被周围的现代性不可逆转地改变了。

这一时期的诗歌的另一个方面是它们的艰深难懂,最后一行通常将诗歌颠倒过来,要求重新打量整个场景,这个手法让人想起十四行诗的那个"底"。众所周知,《杂耍》(*OC*, 293—294) 这首诗在结尾处向读者吐了吐舌头, 问他们是否理解最后一句: J'ai seul la clef de cette parade sauvage (我独自掌管着这野性剧场的钥匙)。在《H》(*OC*, 313—314) 中, 整段诗——这首诗仅有一段——其实只是解释了第一句 Toutes les monstruosités violent les gestes atroces d'Hortense (一切可怕的阴谋强迫着奥尔唐斯的残暴行为), 最后以 trouvez Hortense (去找奥尔唐斯) 这一挑战作为结束。[1] 诸如《H》和《杂耍》之类的诗的结尾并非将读者指向谜语的答案, 而是指向对诗歌语言的一种超越。也许诗的目的是将这个时刻作为奔赴遥远事物的出发点, 比如《出发》(*Départ*, *OC*, 296) 所暗示的某种未来表达:

> Assez vu. La vision s'est rencontrée à tous les airs.
>
> Assez eu. Rumeurs des villes, le soir, et au soleil, et toujours.
>
> Assez connu. Les arrêts de la vie. — Ô rumeurs et Visions! Départ dans l'affection et le bruit neufs!

> 看透了。形形色色的嘴脸一览无余。
>
> 受够了。城市的喧嚣, 黄昏与白昼, 日复一日。
>
> 见多了。人生的驿站。——噢, 喧嚣与幻象!
>
> 出发, 到新的爱与新的喧闹中去。

这个系列的诗歌在形式和主题方面有着广泛的可能性，可谓是兼容并蓄。虽然兰波曾打算把它们编成诗集，但是他在有生之年没有看到它们出版。不过，他想好了题目：根据魏尔伦的说法，应该是《彩图集》（*Illuminations*）。伦敦这座城市显然在这个系列中留下了印记，因为魏尔伦在写这个标题时使用了英语发音来拼写：les Illuminécheunes（*Corr.*，633），并且他在序言中证实兰波甚至打算用Coloured Plates（彩色图版）这个英语副标题。

虽然这些奇妙的诗歌展示了现代城市生活的经历，但是它们在从城市景观中汲取灵感的同时也没有蜕变为自传；魏尔伦在年轻的诗人和年轻的妻子之间难于取舍，来去不定，这使兰波的生活更加一波三折。这些诗歌反倒提供了一种解脱。1873年前几个月没能带来足够的安慰，因为魏尔伦在4月初前往欧洲大陆，希望与玛蒂尔德会面，达成一个不会让他完全破产的解决方案，但是玛蒂尔德没有听从。魏尔伦担心自己因为早先同情公社社员而遭到报复——警察一直在监视他，但那是因为他在伦敦的私生活，而不是因为公社时代他相对温和的政见——他住在法国以外的地方，和一位姑姑住在卢森堡的容维尔（Jéhonville），在那里编撰下一本诗集《无词浪漫曲》（*Romances sans paroles*，1874）。这些诗与先前的作品大相径庭，反映了兰波的影响力。"遗忘的小咏叹调"部分第三首的开头是 Il pleure dans mon cœur（泪流在我心里），诗中包含一句据魏尔伦说是兰波的手笔：Il pleut doucement sur la ville（雨在城上淅沥）。

兰波并没有独自待在伦敦，他也离开了，并于一周后抵达罗什，到了他母亲从居夫家族继承的农场，他的母亲、兄长和妹妹都在那里。[g] 这里虽然不是一个完全平静和温暖的避难所，但在未来几年里，他常常会回来。尽管兰波和魏尔伦不在一起生活，但是他们仍然保持着联系，经常在夏尔维尔和容维尔之间的比利时小镇布雍（Bouillon）会面。德拉埃也会加入他们的周日会面，兰波在给德拉埃的信中提到了这些会面，他表示罗什的家族农场给不了他什么安慰——他称农场为"莱图"（Laïtou）：

莱图（罗什）（阿蒂尼区）1873 年 5 月

亲爱的朋友，你可以在附图中看到我现在的生活。

啊，自然！啊，我的母亲！

真是狗屎一般的地方！这些农民是什么天真的怪物！晚上，你想喝一杯，就得走出两法里或更多的路。"老妈"把我囚禁在一个可怜的洞穴里。

我不知该如何走出这个洞穴，但我会走出来的。我想念那个万恶的查尔斯敦（Charlestown）[1]，还有"宇宙"［咖啡

---

1 英语中的"夏尔之城"，指夏尔维尔。

馆〕，图书馆，等等……不过我写得挺顺利，我在写一些散文故事，总称为《异教之书》(*Livre païen*) 或《黑人之书》(*Livre nègre*)。疯狂而又天真。天真！天真！天真……瘟疫！

〔……〕

我能告诉你的也就这些，我全身心地静观自然，我的屁股非常充实。听候你的吩咐。啊，自然！啊，我的母亲！

我握着你的手，希望和你团聚，我在为团聚精心准备着。

我重新打开了信。魏尔伦一定已向你建议我们于18日周日在布雍见面。我去不了，如果你去，他可能会给你一些我的散文片段，或者是他的，让你带给我。

毫无疑问，兰波太太会在6月的某个时候返回查尔斯敦，我也将尝试在那座漂亮的小镇待一阵。〔……〕

我一事无成。无书可读，无酒吧可去，街上无事发生。这个法国乡村多么可怕！我的命运就取决于这本书了，为了它我还得编五六个残酷的故事。在这里我如何编造残酷的故事呢？我没有给你发任何故事，尽管我已经有三个故事了，**来之不易啊**！就先写到这儿吧。

兰

因为那些农民和"老妈"的缘故，他被困在"狗屎一般的地方"和"一个洞"里。虽然"查尔斯敦"是万恶的，但是自然将他推向一些新词以在 la contemplostate de la Nature m'absorculant tout entier（我全身心地静观自然，我的屁股非常充实)一句里给可悲的、词不达意的语言去魅：先是 contemplostate（沉思［comtemplation］和停滞［stasis］），然后是 absorculer（吸纳［absorber］和屁股［cul］），还不仅仅是部分 absorcule，而是彻彻底底的（tout entier）。大自然和"老妈"一样冰冷，"听候你的吩咐"（Je suis à toi）这一声嘲笑将两者联系在一起：它和一再重复的"天真"一样是肺腑之言。请注意这封信里的其他重复：Je ne sais comment en sortir: j'en sortirai pourtant（我不知道该如何走出这个洞穴，但我会走出来的）。尽管不知道该如何或该去哪里，但他抱定信念要找到出路。显然，打开未来之门的钥匙是他正在写的那本书，一本至关重要的书。无论是"异教之书"还是"黑人之书"，这本包含了残酷故事的重要的书最终冠名《地狱一季》（*Une saison en enfer*）。

回到阿登后，兰波头脑清醒了一些。就像他童年时候在夏尔维尔（以及后来在巴黎、布鲁塞尔和伦敦的时候）一样，所有的界限都必须跨越，无论是物理的界限还是诗歌的界限，声音的界限还是节奏的界限，地理的界限还是思想的界限，它们永远无法限制他。所以他又回去了：和魏尔伦一起回伦敦，这次是乘坐 5 月 27 日离开安特卫普的大东方铁路轮船。他们搬进了坎登镇大学院街 8 号，在那里待了三个月，住在顶层的两个房间里；此处位于小镇的闹市，使魏尔伦想起了布鲁塞尔。他们生活得很好，这要归功于魏尔伦母亲的钱以及他们通过在报纸上刊登广告而获得的学费收入：

> 教授法语、拉丁语和文学，由两位巴黎的绅士用法语授课；收费合理。——坎登镇大学院街8号，魏尔伦
>
> （《回声报》，1873年6月11、12、13日）

> 教授法语，法语授课——提高，精讲——由两位巴黎的绅士授课。——坎登镇大学街8号，魏尔伦[1]
>
> （《每日电讯报》，6月21日）

尽管魏尔伦声称他们在《每日新闻》《回声报》和《每日电讯报》上刊登了大约十五则广告，但是只来了一名学生，他同意为每天两小时的课程支付三个先令。毫无疑问，这笔钱对他们经常去看法国轻歌剧派了大用场。6月18日，他们还看见了正在进行国事访问的波斯国王。他们在泰晤士河上乘船游览，在乡间散步，穿过海格特去了远处绿荫缭绕的郊区。

然而，随着他们不断地争吵甚至拳脚相加，破镜重圆的希望很快破灭了。魏尔伦意识到有关他同性恋的谣言日渐增多。正如一份有关流亡的前公社社员的活动场所的警方报告所记录的那样，因为两位诗人行为越来越乖张，人

---

[1] 两处启事均以法语撰写。

们开始回避他们,形势越来越不妙。魏尔伦无疑担心,一旦他与兰波一起生活的消息传回巴黎,会给正在要求与他离婚的玛蒂尔德提供把柄,而他日益酗酒也导致暴力的升级。7月初的一个早晨,风暴降临了。兰波看到魏尔伦带着一些新鲜的鱼从坎登的鱼市场回来——一种说法是鲭鱼,另一个说法是鲱鱼——兰波在窗户后面嘲笑他,说他看起来很可笑。魏尔伦二话不说,进屋收拾自己的东西,去了布鲁塞尔,希望把玛蒂尔德引到那里重温鸳梦。一时间各方书信如雪片般飞舞。魏尔伦从他在列日大酒店(位于进步街)的房间里向巴黎发出求救信——特别是向玛蒂尔德和他的母亲——扬言要自杀。兰波从伦敦写信恳求他返回:

> 回来吧,回来吧,亲爱的朋友,我唯一的朋友,回来吧,我起誓我会改的。如果我对你无礼,那是在开玩笑,有点过头了,现在我后悔莫及。回来吧,一切都会忘记的。你那么在意玩笑,这太可怕了。两天来我一直哭个不停。回来吧,勇敢一点,亲爱的朋友,你什么也没有失去,只需要再次旅行即可。我们将再次勇敢、耐心地住在这里。哦!我求求你……但是,当我示意你下船时,你为什么不来呢?我们住在一起毕竟有两年了,没想到会到这般田地。你会怎样做?如果你不想回到这里,那你要我来找你吗?

> 是的,我错了。

你不会忘记我,是吗?

不,你不能忘记我,

你还和我在这里。

听着,回答你的朋友,我们不再生活在一起了吗?

勇敢一点,快回答我。

我在这里也待不了很长时间。

听从你的心吧。

快告诉我是否要我来找你。

一生一世属于你。

兰波

[……]

哦,回来吧,我一直在哭。说你要我来找你,我会来的,告诉我,给我发个电报——我必须在星期一晚上离开,你要去哪里?你要做什么?

当兰波发出这封信,将魏尔伦的所有书籍和手稿委托给韦尔默施后准备离开的时候,他收到了魏尔伦在乘船去比利时的时候写的一封信。这封信没有存世,但是兰波回信的语调透露了魏尔伦所写的内容:

亲爱的朋友,

你的日期标明为"海上"的来信我已收悉。这次你错了。

首先，你的信中没有任何明确的信息：你的妻子是不来了呢还是三个月或三年后来，谁知道呢？说到死，我还是了解你的。因此，在等待你的妻子和死亡的时候，你会东碰西撞，四处游荡，招人厌烦。什么，你没有意识到我们的愤怒在双方都是错的！但是最终错的会是你，因为即使在我把你叫回来后，你仍然坚持自己错误的看法。你认为与他人在一起会比与我在一起过得更幸福？**想想看！**——哦！当然不可能！——

只有和我在一起，你才会自由自在，而且我向你发誓我以后会改的，我为自己所有的不当行为抱歉，我现在头脑很清楚，我太喜欢你了，如果你不想回来，或者不想让我来到你身边，那是犯罪，**你会为此后悔好多年的，因为你会失去所有的自由，遭受到可能是前所未有的可怕的痛苦。**听了这一番话后，再想想你认识我之前的境况。

至于我自己，我不会回到我母亲身边。我要去巴黎，尽量在星期一之前离开。你会逼着我卖掉你所有的衣服，我别无选择，但是它们现在还在，星期一早上之前不会被人拿走。如果你想把给我的信寄往巴黎，就寄给圣雅克街289号的路[易]·福兰转阿·兰波。他会知道我的地址的。

相信我，如果你的妻子回来了，我不会给你写信的，那会毁了你——绝对不写。

万语千言，化作一句话：回来，我想和你在一起，我爱你。如果你听进去了这句话，你会表现出勇气和诚意的。

> 否则，我可怜你。但是我爱你，我吻你，我们会再次见面的。兰波
>
> 大学院路8号……我会一直待到星期一晚上，或者星期二中午，如果你来找我的话。

魏尔伦对兰波要他回到伦敦的恳求充耳不闻，从兰波太太那里收到的信也被当做了耳边风（因为他也曾写信给她），她在信中恳求他保持理性，不要鲁莽行事。魏尔伦在准备最后的一幕大戏，等待全体演员各就各位，他住进了库尔特雷城酒店（啤酒厂街），他母亲来到了那里，随后兰波也于7月8日到达。

两天后，魏尔伦起得很早，在城中漫步。到了圣于贝尔商场，他买了一把7毫米口径的六发手枪，然后在查尔特鲁会修士街的一家咖啡馆坐了下来，把子弹上了膛，把酒灌进肚中。中午回到旅馆，他在兰波面前炫耀那把枪，说要用它打死所有人。当兰波向魏尔伦的母亲索要回法国的火车票时，魏尔伦插了进来，带他的朋友去大广场一家咖啡馆里一边喝酒，一边谈论此事。两人关系本来就已经不妙，再加上酒精的作用，无疑于事无补，他们争吵得更激烈了。

下午两点左右他们回到酒店，魏尔伦让兰波先进入房间，自己进去后把门反锁。酒店房间不大；两人面对面，相距三米。兰波背靠墙站着，而魏尔伦坐在放在门前的椅

子上。随后两人又争吵起来,魏尔伦拔枪打了两发:第一颗子弹击中了兰波的左手腕,第二颗子弹在墙上反弹,钻入壁炉。他们与魏尔伦的母亲一起赶往圣约翰医院治疗伤口,然后回到酒店,这一次兰波成功地让魏尔伦的母亲给了他20法郎,好让他回到法国。在去布鲁塞尔南方火车站送兰波的途中,两人旧事重提,又吵起来了,魏尔伦再次掏出手枪,这次可是在公共场合。一朝被蛇咬,十年怕井绳:兰波叫来了警官,告发了他的朋友。证据确凿(手里拿着枪,告发者伤口还缠着滴血的绷带),魏尔伦立即被警方拘留并起诉;兰波必须留下来照料自己的伤口,并向警方呈交一份陈述。布鲁塞尔的预审法官泰奥多尔·采尔斯蒂文斯(Théodore t'Sterstevens)下令进行全面(毫无疑问是痛苦的)的体检,包括检查身体上的七窍八孔。在他们的报告中,塞马尔(Semal)和弗莱明克斯(Vleminckx)医生的结论是,魏尔伦有"主动和被动的变童行为",呈现出"或多或少近期所为"的痕迹(*JJL*, 617)。经过一个星期的恢复——被枪击整整一个星期后才将子弹取出——兰波撤销了对魏尔伦所有的指控,并于第二天离开了医院,在布鲁塞尔待了至少几天,最后才在布鲁塞尔南方车站坐火车回到罗什。8月8日那天他大概已经到家了。就在这一天布鲁塞尔轻罪法院惩教庭第六庭裁定魏尔伦罪名成立,判处他两年徒刑,并处以200法郎罚款。几周后,上诉法院裁定维持这一判决。

魏尔伦在蒙斯（Mons）的乡村监狱囚室内重新找回了自己的信仰，兰波则在罗什养伤康复，城市冒险又一次戛然而止。正如那两颗子弹撕裂了"山谷睡者"田园诗般的画面，这两颗子弹昭示着兰波舒适的乡村生活就此结束，同样，布鲁塞尔酒店房间里的两声枪响也标志着一个截然不同的场面的终结。他们可说是预演了乔治·比才歌剧《卡门》（1875 年）中那首著名的咏叹调《爱情是一只不羁鸟》："如果你不爱我，我偏爱你。如果我爱上你，你可要当心！"他们离开了巴黎、布鲁塞尔和伦敦，身后留下了一片废墟，显然，欧洲的城市已经容不下他们两人。不过，兰波在计划下一步之前，需要花一些时间来舔愈伤口。

5　创伤

Jadis, si je me souviens bien, ma vie était un festin où s'ouvraient tous les cœurs, où tous les vins coulaient.

Un soir, j'ai assis la Beauté sur mes genoux. — Et je l'ai trouvée amère. — Et je l'ai injuriée.

Je me suis armé contre la justice.

以往，如果我没有记错，我的生命曾是一场盛宴，在那里，所有的心灵全都敞开，所有的美酒全都溢出来。

一天夜晚，我让"美"坐在我的双膝上。——我感到她的苦涩——我侮辱了她。

我拿起武器反抗正义。

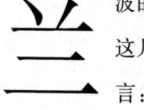

兰波的《地狱一季》正是从他无标题的序言中的这几行开始的。他的诗歌中向来不乏侮辱性语言：《诅咒诗画集》中他的作品，他对资产阶

级、教会和第二帝国的抨击,《痛苦的心》中士兵的侮辱,莫不如此。从 Venus /anus(维纳斯/肛门)的押韵中可以看出,"美"也不免此厄。但是把组成《地狱一季》的"残酷的故事"看作自传,看作是对他迄今生活和作品非常坦诚的评论,那是错误的,因为尽管有一些自传元素,但它们远远不止于此:它们是叙述者逃出地狱后的宣泄:Or, tout dernièrement m'étant trouvé sur le point de faire le dernier *couac* ! J'ai songé à rechercher la clef du festin ancien, où je reprendrais peut-être appétit(可是最近,我在又要发出些不谐之音的时候,想到了寻找通往往日盛宴的钥匙,也许我会在那儿找回食欲)。这个新季节就列明在与魔鬼的合约下:

Ah! j'en ai trop pris: — Mais, cher Satan, je vous en conjure, une prunelle moins irritée! et en attendant les quelques petites lâchetés en retard, vous qui aimez dans l'écrivain l'absence des facultés descriptives ou instructives, je vous détache ces quelques hideux feuillets de mon carnet de damné.

啊!我太富有了:——可是亲爱的撒旦,我请求您不要怒目而视!我知道您是不喜欢作家描写或是教训人的。在几分小小的怯懦产生之前,我这个下地狱的人从我的手记中为您撕下这可憎的几页。[a]

兰波《地狱一季》封面
1873

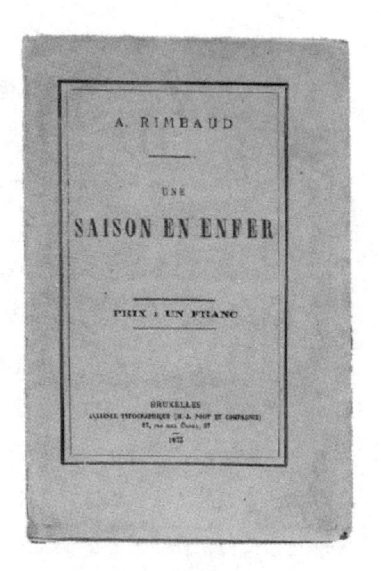

当兰波在罗什的家庭农场坐下来写作时,他的确正从诗歌和个人生活(两者均受到重创)的创伤中恢复过来,当然,罗什不是地狱——至少从字面上看不是,尽管可以想象,兰波太太的母性温暖所提供的舒适与地狱大同小异——但是他在那里疗伤恢复期间开始审视过去,找些治愈伤口的药膏,最后掸落部分尘,勇敢前行。《地狱一季》提供了所有这些复杂的元素:在这些元素到来的时候,在痊愈的时候,探究它们的深度。

于是他开始追根溯源。题为"坏血统"(Mauvais sang, OC, 247—253)的第一节分为七个部分,从人类学的角度追溯了叙述者悠久的法国血统：身体特征（眼睛颜色、头骨形状）和行为（给动物剥皮，烧焦土地，偶像崇拜）。"坏血统"的作者和所有人一样也是个工人，让人想起1871年5月兰波在致伊藏巴尔的一封信中曾宣称自己在罢工：J'ai horreur de tous les métiers. Maîtres et ouvriers, tous paysans, ignobles. La main à plume vaut la main à charrue. — Quel siècle à mains! — Je n'aurai jamais ma main（我讨厌所有行业。工头也好，工人也罢，都是卑贱的农民。作家的手并不比耕者的好。——好一个手的世纪！——我永远不会拥有我的手）。当巴黎的工人阶级在巴黎公社末期被屠杀殆尽，当诗歌的商品化将诗人变成工人，为社会生产做出贡献的意义何在？鉴于他在5月份写给德拉埃的信中曾提到过"异教之书"和"黑人之书"这样的书名，可见血统对兰波影响至钜，这在以下几行诗中也可明显看出：Il m'est bien évident que j'ai toujours été de race inférieure（我很清楚，我一直属于劣等种族）。因此，他探究可能有过的前身，展望科学的未来：

> Qu'étais-je au siècle dernier: je ne me retrouve qu'aujourd'hui. [...] La race inférieure a tout couvert — le peuple, comme on dit, la raison; la nation et la science...Géographie, cosmographie, mécanique, chimie!...
>
> La science, la nouvelle noblesse! Le progrès. Le monde

marche! Pourquoi ne tournerait-il pas?

C'est la vision des nombres. Nous allons à l'Esprit. C'est très certain, c'est oracle, ce que je dis. Je comprends, et ne sachant m'expliquer sans paroles païennes, je voudrais me taire.

上个世纪我曾经是谁？我只是在今日找到自己［……］劣等种族掩盖了一切——人民，就像人们所说，理性；国家与科学［……］地理学，宇宙学，力学，化学！……

科学，这新贵族！进步，世界在前进！世界怎么可能不转？

这是芸芸众生的幻想，而我们走向神灵。坚定不移，我所说的，来自天意。我心里明白，若不用异教徒的话语，便无法说清，因此我宁愿沉默。

这段叙述将一切都打上了问号，什么是种族？法国人？高卢人？欧洲人？要想前进，就需要走出东方/西方这个二分法，在改头换面后重新返回：Ma journée est faite; je quitte l'Europe. L'air marin brûlera mes poumons; les climats perdus me tanneront. [...] Je reviendrai, avec des membres de fer, la peau sombre, l'œil furieux: sur mon masque, on me jugera d'une race forte. J'aurai de l'or: je serai oisif et brutal（我的日子结束了，我要离开欧洲。海风会灼伤我的肺，异乡僻壤的气候会晒黑我［……］我会带着铁一般的四肢、

深色的皮肤和愤怒的眼神回来:我的面容会告诉人们我来自一个坚强的种族。我会拥有金子:我会变得慵懒而残酷)。但是这张回程票不是兰波的,也不是往返夏尔维尔的;它是诗人想象中的旅行,求索一种既不是异教、也不受西方知识羁绊的表达,因为承认获得天谴等于承认无法摆脱坏血统:

> Maintenant je suis maudit, j'ai horreur de la patrie [...] À qui me louer? Quelle bête faut-il adorer? Quelle sainte image attaque-t-on? Quels coeurs briserai-je? Quel mensonge dois-je tenir? — Dans quel sang marcher?
>
> Ô mon abnégation, ô ma charité merveilleuse! ici-bas, pourtant!
>
> *De profundis Domine*, suis-je bête!

> 可现在我被诅咒,我憎恨祖国[……]我受雇于谁?崇拜哪一种走兽?攻击怎样的圣像?击碎怎样的心?坚持怎样的谎言?——在怎样的血液里行走?
>
> 噢,我的牺牲,噢,我神奇的善心,可惜只存在于凡尘!
>
> De profundis Domine,我太愚蠢了![b]

每后退一步都孕育着前进一步的可能,尽管启蒙运动有失败的地方,但是希望尚未破灭:Oui, j'ai les yeux

fermés à votre lumière. Je suis une bête, un nègre. Mais je puis être sauvé（是的，在你们的光芒中我闭上了眼睛，我是一头野兽，一个黑鬼，可我会得救）。显然，叙述者的拯救——也是诗人和读者的拯救——存在于异教语言之外，因为异教语言由西方和它的恐惧所界定、所玷污。也许拯救可以在节奏、节拍和身体中找到：Connais-je encore la nature? me connais-je? — *Plus de mots*. J'ensevelis les morts dans mon ventre. Cris, tambour, danse, danse, danse, danse! Je ne vois même pas l'heure où, les blancs débarquant, je tomberai au néant. Faim, soif, cris, danse, danse, danse, danse!（我还认识自然吗？还认识我自己吗？——不用多说。我将死者埋在我的肚子里。大声叫喊，敲起锣鼓，跳舞，跳舞，跳舞，跳舞！尚未看见白人登陆，我将跌入虚无。饥饿，干渴，呼喊，跳舞，跳舞，跳舞，跳舞！）叙述者目睹西方侵占这个世界，他诘问：Vite! est-il d'autres vies?（快！还有其他人生吗？）因为正如他在接近结尾的时候所说：Farce continuelle! Mon innocence me ferait pleurer. La vie est la farce à mener par tous（无尽的闹剧！我的纯真会让我哭泣。生活是我们所有人都扮演的闹剧）。前进的道路更加痛苦，因为叙述者渴望摆脱现状对他的惩罚，却不知道目的地何在，路途何在，他进退维谷，最终只得接受现状。所以，在这个疗伤的季节中第一步不是认命，也不是改变命运，而是学会与命运共舞。

下一个文本"地狱之夜"（Nuit de l'Enfer，*OC*，255—257）按照同样思路进行着，叙述者死去并进入地狱。文本在过去——l'horloge de la vie s'est arrêtée tout à l'heure. Je ne suis plus au monde（啊，生命的时钟刚刚停止。我已不在人世）——和一个未来的诗歌宇宙之间徘徊不定，叙述者可以用任何东西充填这个诗歌宇宙：

> Je vais dévoiler tous les mystères: mystères religieux ou naturels, mort, naissance, avenir, passé, cosmogonie, néant. Je suis maître en fantasmagories.
>
> Écoutez!...
>
> J'ai tous les talents! — Il n'y a personne ici et il y a quelqu'un: je ne voudrais pas répandre mon trésor. — Veut-on des chants nègres, des danses de houris? Veut-on que je disparaisse, que je plonge à la recherche de l'*anneau*? Veut-on? Je ferai de l'or, des remèdes.
>
> Fiez-vous donc à moi, la foi soulage, guide, guérit.

> 我要揭开一切神秘的面纱：宗教与自然的神秘，生死、未来、过去、宇宙和虚无。我是幻影的主宰。
>
> 听！……
>
> 我神通广大！——这里空无一人，却有一个人：我不想挥洒我的珍宝。——想听黑人的歌吗？想看仙女跳舞吗？想

让我消失,想让我潜水去寻找**指环**吗?想吗?我将造出黄金和灵丹妙药。

那就相信我吧,信仰会减轻痛苦,指引方向,解除病痛。

《地狱一季》的下一节提供了可能是最直接的自传口吻。这一节名为"谵妄"(Délires),分为两个部分。"谵妄 I"(OC,259—262)还有另外两个题目或副标题:"疯狂的童女"(Vierge folle)和"地狱中的丈夫"(L'Époux infernal)。谵妄本身不像个人和诗歌领域中的疯狂那么简单:法语词 délire 也可能意味着"消解阅读"(dé-lire),表示文本将疯狂与消解自身的阅读结合起来。显然,读者不应该从字面上理解文本。

但是人们常常是从字面上理解文本的。"谵妄 I:疯狂的童女,地狱中的丈夫"是从叙述者同伴的角度讲述故事的;通常认为"疯狂的童女"指的是魏尔伦,他以忏悔的形式提供了"地狱中的丈夫"的形象:Écoutons la confession d'un compagnon d'enfer(让我们听听地狱同伴的忏悔)。他们的两段独白交织在一起,兰波由此创造了一种间接的自我画像,走出自己,将自己视为"他者",看看别人如何看待自己。"疯狂的童女"因为自己与诱人的青年厮混在一起而感到难过:

Lui était presque un enfant . . . Ses délicatesses mystérieuses m'avaient séduite. J'ai oublié tout mon devoir humain pour le suivre. Quelle vie! La vraie vie est absente. Nous ne sommes pas au monde. Je vais où il va, il le faut. Et souvent il s'emporte contre moi, moi, la pauvre âme. Le Démon! — C'est un Démon, vous savez, ce n'est pas un homme. Il dit: 'Je n'aime pas les femmes. L'amour est à réinventer, on le sait.'

他那时几乎是个孩子……他神秘的温情深深诱惑着我。为了跟他，我忘却一切做人的责任。这是怎样的生命！真正的生命并不存在。我们不在这个世界。我跟随他，应当如此。可他常常对我发火。我啊，这可怜的灵魂。魔鬼，他是个魔鬼，您知道他不是个人。他说："我不爱女人，谁都知道，爱情需要重新发明创造。"

本节与《地狱一季》的其他部分有着共同的主题：不信任传统爱情；迷恋犯罪；心仪黄金和遥远的国度；表现自我的不同态度和姿态。叙述者回来发出最后的感叹：Drôle de ménage!（真是一对奇怪的夫妻！）

"谵妄 II：文字的炼金术"（Délires II: Alchimie du verbe, *OC*, 263—269）详细介绍的诗歌生涯据称也是自传式的，叙述者摒弃了他过去的诗歌尝试，哀叹自己的希望破灭：

À moi. L'histoire d'une de mes folies.

Depuis longtemps je me vantais de posséder tous les paysages possibles, et trouvais dérisoire les célébrités de la peinture et de la poésie moderne.

J'aimais les peintures idiotes, dessus de portes, décors, toiles de saltimbanques, enseignes, enluminures populaires; la littérature démodée, latin d'église, livres érotiques sans orthographe, romans de nos aïeules, contes de fées, petits livres de l'enfance, opéras vieux, refrains niais, rythmes naïfs.

Je rêvais croisades, voyages de découvertes dont on n'a pas de relations, républiques sans histoires, guerres de religion étouffées, révolutions de mœurs, déplacements de races et de continents: je croyais à tous les enchantements.

J'inventai la couleur des voyelles! — A noir, E blanc, I rouge, O bleu, U vert. — Je réglai la forme et le mouvement de chaque consonne, et, avec des rythmes instinctifs, je me flattai d'inventer un verbe poétique accessible, un jour ou l'autre, à tous les sens. Je réservais la traduction.

现在让我来讲讲有关我的疯狂的故事。

很久以来我自诩能享有一切可能出现的风景，可以嘲弄现代诗歌与绘画的名流。

我喜欢笨拙的绘画、门贴、墙上的装饰、街头艺人的画布、招牌、民间彩图、过时的文学、教会拉丁文、满纸错别字的淫书、祖先传奇、童话、小人书、古老的歌剧、天真的小曲、单纯的节奏。

我梦想着十字军东征、无人知晓的探险旅行、没有历史的共和国、隐瞒了的宗教战争、风俗的变迁、种族和大陆的迁移：我相信一切魔法。

我发明了元音的颜色！——A黑、E白、I红、O蓝、U绿。——我规定每个辅音的形状和运动。早晚有一天，我将凭借本能的节奏，发明一种易学的、足以贯通一切感官的诗歌语言。我保留翻译权。

除了提及《元音》这首诗，他还提供了他所摒弃的其他类型韵诗的例子，有七首——其中几首是略加修改过的版本——被归入摒弃之列：《泪》《晨思》《高塔之歌》《饥饿的节日》《狼在落叶下嗥叫［……］》（*Le loup criait sous les feuilles* [...]）《永恒》和《噢，季节！噢，城堡！［……］》。另外，他在评论自己的不满时所举的某些诗歌形象让人想到《彩图集》中的一些段落，使我们至少能确定其中几首——包括《童年 II》（*Enfance II*）和《历史性的黄昏》（*Soir historique*）"——作于1873年4月到8月之前。

这一部分的最后一行使这一切变得极为复杂，它提出了一条新路：Cela s'est passé. Je sais aujourd'hui saluer la beauté（这一切都已过去。今天我可以问候"美"了）。如果把"美"置于膝头而后尽情地侮辱她的这一幕发生在过去，那么未来又预备了什么?《彩图集》是未来诗学的典范吗? 是兰波客观诗歌的顶峰吗? 当然不是，因为其中至少几首诗在叙述者急于抛诸身后的那些段落里也提到了。他也许能够搭讪"美"，但他仍然在认真处理自己撒落一地的诗歌碎屑。也许这还不算糟糕: 即使他身处地狱，他也只在那里待一个季节，所以这座炼狱只是一个过渡，介于仇恨与爱情、酷刑和欢乐、醉态和清醒之间; 介于西方价值与信仰和为了在朗朗乾坤下揭露并质疑这些价值与信仰而采取的严厉措施之间。《地狱一季》的力量——它显现在叙述者摇摆不定的姿势和位置以及简洁而紧张的语言中——在于这两极之间无法消除的矛盾。因为走不出基督教这一传统，所以无法在天堂和地狱之间做出选择; 这两者都只是道德建构，是呈现在他眼前的精神地形上的两个地方。这里的问题不是两个极端的相遇，而是善与恶同样被建构，同样空虚，同样虚假: 美丽、慈善和智慧，与撒旦、叛乱和暴力之间本无二致。出路是诗歌语言的炼金术和它赋予生活的疯狂、喜剧和幻觉。

《地狱一季》的其余部分按照同样思路进行着: "不可能"(L'impossible, *OC*, 271—273)提供了逃离地狱的一些想法，只是在"闪光"(L'Éclair, *OC*, 275—276)中又放弃了，最后在"清晨"(Matin, *OC*, 277)中告一段落。在那里，气喘吁吁、哑口无言的叙述者看到了隧道尽头的灯光:

Moi, je ne puis pas plus m'expliquer que le mendiant avec ses continuels *Paters* et *Ave Maria*. *Je ne sais plus parler*! Pourtant, aujourd'hui, je crois avoir fini la relation de mon enfer. C'était bien l'enfer; l'ancien, celui dont le fils de l'homme ouvrit les portes(我再也无法说清自己,就像乞丐无从解释他们念诵的《天主经》和《圣母经》,我连话也不会说了!不过今天,我和地狱的缘分已尽。那确曾是一座地狱;古老的地狱,人子打开的大门)。这个季节结束了,最后一节"永别"(Adieu, *OC*, 279—280)宣布换季,喊着 L'automne déjà!(秋天来到了!)开篇就预示着新的开始。此番旅程使叙述者变得更加坚强了,头脑异常清醒,本节以及《地狱一季》以这样的音符结束:

Oui, l'heure nouvelle est au moins très sévère.

Car je puis dire que la victoire m'est acquise: les grincements de dents, les sifflements de feu, les soupirs empestés se modèrent. Tous les souvenirs immondes s'effacent. Mes derniers regrets détalent, — des jalousies pour les mendiants, les brigands, les amis de la mort, les arriérés de toutes sortes. — Damnés, si je me vengeais!

Il faut être absolument moderne.

Point de cantiques: tenir le pas gagné. Dure nuit! le sang séché fume sur ma face, et je n'ai rien derrière moi, que cet horrible arbrisseau!... Le combat spirituel est aussi brutal que la bataille d'hommes; mais la vision de la justice est le plaisir de Dieu seul.

Cependant c'est la veille. Recevons tous les influx de vigueur et de tendresse réelle. Et à l'aurore, armés d'une ardente patience, nous entrerons aux splendides villes.

Que parlais-je de main amie! un bel avantage, c'est que je puis rire des vieilles amours mensongères, et frapper de honte ces couples menteurs, — j'ai vu l'enfer des femmes là-bas; — et il me sera loisible de *posséder la vérité dans une âme et un corps*.

avril—août, 1873.

是的，新的时光至少很严峻。

因为可以说我已经赢得胜利：切齿之痛、熊熊怒火与病态的叹息都归于平静，所有不洁的回忆都随风而去。我最后的悔恨也已消散，——对乞丐、强盗、死亡之友和所有放心不下的事物的嫉恨。——你们这些下地狱的人，我或许该复仇！

必须要绝对现代。

再也别唱赞美诗：我决不放弃已经赢得的一切！苦涩的夜啊！凝血还在我的脸上冒烟，我的身后除了一片灌木，空空如也！……精神之战的严酷绝不亚于人间争斗；而正义的幻影只能取悦上帝。

而此刻让我们守夜。尽情享受一切猛烈的冲动和真实的温柔。黎明时分,我们将以炽热的耐心,进入灿烂辉煌的城市。

还说什么友爱之手!不如尽情嘲弄互相欺骗的陈旧的爱情,敲打那一对对说谎的情侣,这真是一种美好的乐趣,——在那里,我见过女人的地狱;——我终于可以随心所欲地**在灵与肉之中获得真理**。

1873 年 4—8 月

带着这份身心和谐的新真理,叙述者将挺身向前,独闯龙潭。虽然兰波在《地狱一季》中不遗余力地摒弃过去,但是他仍然是乐观的:"永别"(Adieu)是向神作出奉献(à Dieu),将撒旦和地狱抛在身后,而抛弃这两者意味着离开西方。

和兰波许多其他诗作不同,《地狱一季》是他创作并且全程监督的成品。为数不多的现存手稿版面的草稿(收藏在法国国家图书馆)表明,在送至布鲁塞尔的卷心菜街 37 号之前,他在这些文稿上花了很大的心血。[d] 在那里,波特(J. Poot)任经理的印刷联盟(Alliance typographique)出版了这部诗集,费用由作者自负:诗人自费出版自己的作品是司空见惯的事。兰波拿了几本,寄了七本给朋友(包括给魏尔伦的一本)。这本关乎他命运的书没有激起哪怕一丝浪花:没有任何迹象表明当时的新闻界哪怕是一星半点地提及过这部作品，结果库存全留给了出版商——明显是因为作者没有支付能力。兰波去世后，他的妹妹伊莎贝尔声称哥哥让人把剩余的书发给了他，当着她的面将它们烧了。这个说法是假的——这是她围绕哥哥的生活编造的许多故事之一——因为1901年律师和藏书爱好者莱昂·洛索[1]在布鲁塞尔的一个仓库中发现了425册这部诗集。[e]

1873年5月，当兰波从"莱图"写信给德拉埃的时候，他不仅提到了他所写的"散文小故事"，还提到了已经完成的、由魏尔伦保存的"我的一些散文片段"。这些文字是同一计划的一部分吗？难道它们就是前一年魏尔伦写给勒佩勒捷的信中所提到的兰波的诗？当时他提到"兰波的十来封信，包括了韵诗和散文诗"（*Corr.*, 268）。鉴于《文字炼金术》引用、提及韵诗和散文诗的次数之多，有理由认为《彩图集》中一些散文诗可能写于1873年4月到8月《地狱一季》的写作日期之前，另一些则可能写于这个日期之后。当然，它们是不同的作品：一部是作者构思的完整诗集，其内在的顺序和逻辑引导着读者走出诗歌的迷宫；另一些只是分散的手稿，没有特定的将松散的篇章统一起来的结构或逻辑，无论是在页码顺序或是创作日期上。

很难确定《彩图集》中的哪些诗歌作于《地狱一季》之后，尽管《彩图集》的首篇《洪水过后》（*Après le*

---

[1] Léon Losseau（1869—1949），比利时藏书家，藏书量超过10万种。

Déluge, *OC*, 289—290）暗示着一个新的诗歌世界即将到来：Aussitôt après que l'idée du Déluge se fut rassise [...]（正当洪水的意念趋于平静［……］）。有时诗中的景像是一座世外桃源，迥异于其他诗歌中的城市风光；《黎明》（*Aube*, *OC*, 306）就是一例，它拥抱夏日（J'ai embrassé l'aube d'été：我拥抱过夏日黎明），呼唤一个全新的诗意时刻，德语单词 wasserfall（瀑布）的使用强调了这一时刻——Je ris au *wasserfall* blond（我嘲笑金色瀑布）——表示法语已经捉襟见肘，不敷使用。

同样飘然出世的还有《蛮荒》（*Barbare*, *OC*, 309—310），这首诗以标题（实际上是前语言时代的两声结巴，bar bar）所表明的前文明状态与诗歌场景"远在岁月流逝和季节轮回，生命存亡和王朝兴衰之后"之间的矛盾开始。和《沉醉的清晨》（*Matinée d'ivresse*, *OC*, 297—298）结尾处的时间标志——Voici le temps des *Assassins*（这是个杀手的季节）——不同，《蛮荒》的诗情画意呈现了一段如此陌生的时空，任何东西都无法识别。在下一行，也是这首诗的副歌中——Le pavillon en viande saignante sur la soie des mers et des fleurs arctiques；(elles n'existent pas)：那血肉之躯铸成的旗帜在丝光的大海与北极鲜花（她们不存在）之上飘扬——事物的奇怪并置读来像是迷幻的通感。诗人魔术师违反行规，为我们戳穿了把戏；事物凭空而来，旋生旋灭。这里诗歌所表达的情感迸发就是一例："噢，温柔之乡，噢，世界，噢，音乐！那里，缤纷的形状，汗水、长发、眼睛，飘忽不定"。这里，在主观/客观的二分法之外，诗歌作为一种元素出现，游离在主体、叙述者、诗人或身体之外："还有白色的眼泪，沸腾了——噢，温柔之乡！——来自火山深处的女性声音和北极冰窟。旗帜……"副歌的回归和省略表示野蛮/文明的轮回将继续下去：时而创造，时而否定，永无止境。兰波后韵诗时期诗歌中某些方面那永无休止的特点使人想起《仲夏夜之梦》中波顿释梦的那一段：

> 咱做了一个梦。没有人说得出那是怎样的一个梦；要是谁想把这个梦解释一下，那他一定是一头驴子。咱好像是——没有人说得出那是什么东西；人们的眼睛从来没有听到过，人们的耳朵从来没有看见过，人们的手也尝不出来是什么味道，人们的舌头也想不出来是什么道理，人们的心也说不出来究竟那是怎样的一个梦。咱要叫彼得·昆斯给咱写一首歌儿咏一下这个梦，题目就叫做"波顿的梦"，因为这个梦可没有个底儿 [……]（第四幕，第一场）[1]

《彩图集》的无底的梦境在这首标题恰好是《波顿》（*Bottom*, OC, 313）的诗中继续着。诗歌一开始便拒绝现

---

[1] 此处译文采用朱生豪译本。

实，这对品格高贵的叙述者来说过于棘手。时而是鸟，时而是熊，时而是驴，他在无休止的多彩多姿的乌托邦之间变换着形状；没有笃定和可以把握的现实：这个诗意的梦也"没有个底儿"。

兰波的行动同样是永不停歇的。枪伤痊愈后，他再次去了巴黎，毫无疑问希望新的《一季》可以标志着另一季的开始。但是运乖时蹇：他没料到，在被他言语中伤或者身体伤害过的诗人中间，他是那么不受欢迎。但他还是找到了一位愿意和他说话的诗人：热尔曼·努沃[1]。1872年11月，努沃用笔名 P. 内乌维埃勒（P. Néouvielle）在《文学与艺术复兴》（*La Renaissance littéraire et artistique*）杂志上发表了他的第一首诗，这本杂志昙花一现，编辑正是爱弥儿·布莱蒙那位"丑陋的家伙"中的一员和《桌子一角》这幅画中的站立者。努沃很快就跻身几个活跃在巴黎的文学小圈子，包括一个名为"生存者"（les Vivants）的小组——成员有莫里斯·布绍尔和以前的诅咒派让·黎施潘、拉乌尔·蓬雄[2]和保罗·布尔热[3]——《诅咒诗画集》就在他们手上。总之，努沃与诅咒派非常熟悉，在1873年末见到兰波的时候肯定已经风闻了有关他的一切。不知道兰波在首都待了多久——他可能回到了夏尔维尔去过冬——但

---

[1] Germain Nouveau（1851—1920），诗人。
[2] Raoul Ponchon（1848—1937），作家。
[3] Paul Bourget（1852—1935），小说家，评论家。

诗人热尔曼·努沃

是 1874 年 3 月,他和努沃住在伦敦,在滑铁卢的斯坦福街 178 号租了一个房间教授法语。

第二个月,他们跨过滑铁卢桥(北线要到 1890 年才通车)去大英博物馆阅览室登记。兰波在登记簿上签名的时候,顽皮地在自己的教名前加了一个"约瑟夫":

> *我已经读过《阅览室须知》,*
>
> **我声明我已满二十一岁。**
>
> *2336 让-尼古拉-约瑟夫-阿尔蒂尔·兰波,滑铁卢路(东南)斯坦福街 178 号*
>
> *我已经读过《阅览室须知》,*
>
> **我声明我已满二十一岁。**
>
> *2337 玛丽·贝尔纳·热尔曼·努沃,滑铁卢路斯坦福街 178 号*

在伦敦期间,努沃开始学习英语,兰波则列出词汇以完善他早已很熟悉的这门语言:档案馆现藏九张纸,正反两面上列着近五百个单词或词组。说他的词汇变得更加专业化,那不免轻描淡写。[f] 一列一列的单词详细记录了有关饲养动物、训练鸽子、狩猎、园艺、板球和纹章学方面的内容,包含:

黄油碟

短弯刀—自动击发的

印花税票—双面可用的地毯

过度脱模—狩猎用的缰绳

高肩金丝雀—钢钻头

绕线器—车身滚轮,护膝

幼虫—马鞍树,干围,马镫

亮片—狩猎鞭把和皮带

虎斑小猫—口罩和箔片 x

好笼舍—魔杖

红隼—炮口装弹机

睡鼠—鸟枪

提前孵化—气泵,打孔器

人工饲养的—快速动作

半块钱,好培土器,小口径

标记均匀—假发和紧身衣

垂耳。—银箍。(海泡石)

—布谷鸟自鸣钟—茶舒适的紫罗兰 [拼写有误]

霍尔支架时钟

穿着细斜纹布。

半测试床架

前弓。

三拉伸望远镜

舞蹈的荷兰

碎布

花边和镶边带

围裙。

饱满、皱巴巴的两头。—喉道

鹂鹛小项圈。—银色贴花

从未从包裹中取出—喷雾

扇贝。—衬裙嵌饰

钩针地毯，翼尖

宽尾迹形状—穿戴娃娃。

在另一页上：

磨砂银字母

平稻草字母

冬青浆果。麻袋毯子浆果

耐寒蓝

适用于强迫

根的整形

深红色的丁香

绽放的尖峰

带刺品种。

幼苗。

奇妙地产出,(树)

—

散珠

石榴石手链

烟晶宝石

人造宝石

链,条和哨子—转环

路缘,长杆

盘蛇

狗:好护林员。很坚定

落在手上或枪口上

快速游侠。—女士的爱犬

脾气暴躁—科利犬

猎犬,矮脚西班牙猎犬。院子里的狗
　法国小猎犬。

破碎的。—好剑客

温柔的嘴。好血统

耳朵峻峭像飞镖

昂贵的鹿角—有斑纹的鹿角

好好跟着—无价之宝……

细密外套:

完美的垂耳—细鞭尾

燕鸥上的点,在臀部上

在小狗身上留下完美的印记和点数

标记得很好,用铅笔写得很好

5月初努沃搬家时——此后不久他将离开伦敦——他已经帮助兰波誊写了《彩图集》中的一些诗;一些诗的手稿(包括《大都会》和《城市》[官方的卫城(……)])仅以努沃的笔迹存世。兰波也没闲着。6月9日、10日和11日,他在《回声报》上刊登广告,要求将回复发送到新地址——今天称为枫树街的地方:"一位年轻的巴黎人——英语尚可[1]——想和英国绅士攀谈;有自己的住所,最好是下午。兰波,菲茨罗维亚广场西,伦敦街40号"。广告没有引起太多的兴趣,未能收到成效,兰波无疑生活拮据。因为营养不良,他在6月底住进了医院,7月初给夏尔维尔寄了一封信;我们可以想象,只能向母亲寻求安慰,他该有多憋屈。但是安慰还是来了——至少是"老妈"拖着16岁的妹妹维塔丽来了,她们住在国王十字车站附近阿盖尔广场12号的公寓里,距离他在伦敦街的公寓步行半小时的距离。在伦敦的头几天,兰波领着她们游览了这座迄今他已经了如指掌的城市:伦敦塔,威斯敏斯特,特拉法加广场,国家美术馆,圣保罗大教堂,甚至煤气灯照明的地铁塔站,两年前兰波和魏尔伦就曾乘坐这趟地铁从泰晤士

---

[1] 广告用英语写就,但"尚可"为法语。

维塔丽·兰波
欧仁·瓦索涅摄,1873 年

河下穿过。

旅游很快就结束了,兰波又过起了漫长的日子,一边在大英图书馆阅览室阅读和学习英语,一边找工作。老天有眼,他在 7 月 11 日收到了一封信,信中提供了三个工作机会(他都没有接受,这让归心似箭的维塔丽非常失望)。7 月下旬兰波终于接受了一份伦敦以外的工作,于是帮助母亲和妹妹计划回法国的行程。尚不清楚 8、9、10 三个月中他究竟在何地工作,但是 11 月他在雷丁镇,担任着一位名叫卡米耶·勒克莱尔(Camille Le Clair)的人的助理,此人每天两次在其住所上法语课。这份工作以及该县城已经在啤酒、灯泡和饼干方面享有的健康声誉显然还不够吸引他，因为 11 月 7 日和 9 日他在《泰晤士报》上又刊登了一则新广告：

> 巴黎人（20 岁），有较高的文学和语言素养，言谈优雅，很高兴**陪伴绅士**（最好是画家），或是希望去南方或东方国家旅行的家庭。口碑甚佳。——阿·兰，雷丁镇国王路 165 号。

鉴于这则广告徒劳无功，他只得在 12 月下旬回到夏尔维尔，但很快又离开了；他希望用语言养活自己，便转向了德语，开始认认真真地学习这门语言。在英国身临其境的环境一定在语言习得方面给了他不少启示，因为 1875 年 2 月，曾在《历史性的黄昏》（《彩图集》）一诗中写下"邮车把我们带到的每一个地方都上演着资产阶级戏法"的诗人把一些个人物品和母亲给的钱塞进了小行李箱，去了东南方向的斯图加特。初来乍到，可能在城市大街 34 号一幢四层小楼中与艺术史家威廉·吕贝克[1]教授共处了一段时间后，他在哈森伯格大街 7 号退休牧师恩斯特·鲁道夫·瓦格纳（Ernst Rudolf Wagner）经营的寄宿公寓中租了一间屋子。

在斯图加特住下后不久，兰波最后一次见到了魏尔伦。

---

[1] Wilhelm Lübke（1826—1893），德国艺术史家，曾在斯图加特理工学校任教。

因为表现良好,魏尔伦已于1月16日出狱,提前了大约六个月。监禁期间,他思想中产生了新发现的宗教狂热,这将是他诗歌中一个反复出现的主题,譬如在狱中创作的题为《寄自囚室》(*Cellulairement*)的诗集中,以及在稍后的《智慧》(*Sagesse*,1880)、《过去》(*Jadis et naguère*,1884)和《平行》(*Parallèlement*,1889)等诗集中。魏尔伦希望说服兰波皈依此道——根据德拉埃的说法,魏尔伦曾提议Aimons-nous en Jésus!(让我们在耶稣面前彼此相爱)——他们在斯图加特附近的黑森林见了面。正如兰波在给德拉埃的信中所解释的那样,会面的进行出乎魏尔伦的预料:

> 那天魏尔伦到了这里,手里拿着念珠……三个小时后,他就放弃了神,让我们的主的98处伤口流血了。他待了两天半,非常明智,在我的劝诫下原路回了巴黎,再从那儿去**那边的小岛**上完成学习。(*OC*, 376)

此处特意提到那座小岛(là-bas dans l'île)是典型的兰波风格,因为它具有多重意义。它当然指的是英国,他和魏尔伦曾经在那儿居住过,魏尔伦也将回到那儿去;这也是从邦维尔一首作于1869年的诗中移植过来的副歌,诗的题目是《诗人之父维克多·雨果之歌谣》(*Ballade de Victor Hugo, père de tous les rimeurs*)。这首诗的三个小节及尾声都以同一句结束:Mais le père est là-bas, dans l'île

(但是父亲在那边的小岛上)。他们在一起的两天半时间里究竟发生了什么,我们知之甚少,但是我们确切知道,魏尔伦就是在那时把作于蒙斯的诗歌交给了兰波,作为回赠,兰波也把以后会成为《彩图集》的那些诗歌交给了魏尔伦,后者又会把它们转交给努沃,由努沃在比利时出版。(按照魏尔伦的说法,这样的转手很能说明兰波的吝啬,尽管这番折腾只节省几个法郎而已。)

身边没有了魏尔伦,兰波只好重操旧业:记录外语单词,在报纸上刊登求职广告。在 3 月 7 日的《施瓦本记事报》上,他表示愿意拿法语课交换德语课:

Ein Pariser, 20 J. alt, wäre geneigt, mit Lernbegierigen Personen die deutsche Sprache gegen die französische zu studiren.

Briefe an

A. Rimbaud

Hasenbergstr. 7, Stuttgart.

一个二十岁的巴黎人对学习德语甚感兴趣,作为交换,愿意为渴望学习法语的人授课。来信请寄斯图加特哈森伯格大街 7 号,阿·兰波收。

一周后,他有了新地址:玛丽街 2 号。他向家人解释说,他在市中心租了一间宽敞明亮、家具齐全的房子,房租是十个弗罗林，包括各项服务，还可能有 60 法郎的全额养恤金。鉴于生活中各种支出增多，他需要让母亲寄给他的那点钱尽可能撑得久些（或者至少表现出节俭，以使自己的信用额度保持不变）。4 月，兰波通过德拉埃写信给魏尔伦，试图说服这位前伴侣寄给他 100 法郎，毕竟兰波曾在伦敦教过他英语，作为回报，兰波会对两人的关系保持缄默。魏尔伦显然对自己在斯图加特遭到拒绝一事意犹耿耿，他给德拉埃写了封信，试图澄清"兰波问题"：

> 让我们澄清一下兰波问题。首先，我尽我所能避免和他吵架。我给他的最后一封信的最后一个词是：诚挚地。我一五一十地详细解释了我不给他钱的原因，他回了信：1) 傲慢无礼，拐弯抹角地威胁勒索；2) 算了一笔糊涂账，好像是把钱给了他我反而还赚了——还不包括一张便条，里面尽是酒鬼的胡言乱语，我认为那是在暗示，如果我**掏了这笔钱**，他今后还会写信，否则"该死"！——总之，他还指望我像以前那样**愚蠢**，像不久前那样内疚和疯狂，**觉**得离开了他，闻不到他的气息我就活不了了；——一个被我惯坏了的孩子，一个恩将仇报的孩子的忍无可忍的蛮横无礼——噢，因果报应！噢，天道不公！——**最愚蠢**的忘恩负义，他这不是杀鸡取卵吗？
>
> 但是**我没有和他吵架**。我等着他来道歉，我不会做出任何许诺的。他若生气，就让他生气吧！难道我还没有把道理说透吗？毕竟，这位求知若渴的人也没帮我什么大忙！

(Corr., 390)

  这位求知若渴的人已经在打量远方了。他告诉德拉埃,以目前的速度,他将在两个月内学完德语。他在瓦格纳先生家只再住一周,所以德拉埃应该以留局候领的形式回信给斯图加特。他还没有准备离开斯图加特。

  至于魏尔伦,他的确会去那边的小岛上。5月,他遇见了努沃,后者告别兰波后一直在独自旅行(比利时,荷兰,然后回到伦敦学习英语)。魏尔伦信守诺言把兰波的诗交给了他,于是出版《彩图集》的计划缓慢地开始了。不仅一部分手稿就在努沃手上,而且年长的魏尔伦无疑觉得自己不是完成这一计划的最佳人选。他仍在努力设法为"我们的主的98处伤口"止血,治愈兰波在他生活中留下的所有其他伤口。

6　世界

两位从前的旅伴去了北方的英国，兰波则准备去南方。因为现金不足，加之从魏尔伦那里又弄不到钱，这个被惯坏了的孩子只好卖掉他的随身衣物，但是兰波从未让缺钱限制他的旅行计划。他乘火车来到瑞士边境后徒步跋涉，在圣哥达山口翻越阿尔卑斯山，到达米兰时已是精疲力尽。有一张名片给出了他的地址，是大教堂广场39号四楼。一位前一年失去了儿子的酒商遗孀收留了这个疲惫的21岁男孩，并照顾了他几个星期。为了表示感谢，诗人让人寄来自己的《地狱一季》送给了她。一恢复体力，他立即继续南下，到达托斯卡纳西海岸的港口利沃诺。他想去一座爱琴海中的岛屿，因为曾经的诅咒派亨利·梅西耶（Henri Mercier）是那儿一家制皂厂的合伙人。要去基克拉泽斯，得先到锡耶纳，然后是布林迪西。兰波很快意识到，在国际运输路线上总会有工作可做，至少对会说意大利语的人来说是这样，于是他迎难而上：在夏尔维尔是拉丁语和希腊语，在伦敦是英语，在斯图加特是德语，现在在米兰是意大利语。两年后，他对自己能说英语、德语、法语、意大利语和西班牙语的本领颇为自负（*OC*, 466），魏尔伦则在斯图加特最后一次会面的十二年后，仍然记得他的朋友是一位"语言天才"（*OPC*, 801）。

但是他没能见到梅西耶，因为在去锡耶纳的路上，他中暑了。法国驻利沃诺的领事馆将他安置在旅馆里待了几天，给了一些零用钱，然后把他遣送回了马赛。到了那里以后，他的健康状况一直没有好转，第一次访问这座法国最古老的城市居然是来养病的。在等待体力恢复的同时，他决定签约雇佣军，与支持唐·卡洛斯（Don Carlos）继承西班牙王位的卡洛斯派并肩作战。正如德拉埃向魏尔伦所解释的，兰波认为这将是一个西班牙语速成方法。有关这个服役的决定，魏尔伦向德拉埃发了一首嘲讽诗，题为《最后的话》（*Ultissima verba*, *Corr.*, 424）：又是在追摹雨果，因为他的《惩罚集》中包含一首同名诗。《最后的话》是一首十行诗，以诅咒派的风格署名为 F. C.，借以突出对弗朗索瓦·科佩的模仿。诗歌不仅诙谐地挪揄了兰波豪饮苦艾酒和学习外语的能力，还把兰波的母亲（老太太）、克罗和卡巴内（特龙什）也一股脑带进了诗歌：

Épris d'absinthe pure et de philomathie

Je m'emmerde et pourtant au besoin j'apprécie

Les théâtres qu'on peut avoir et les Gatti.

'Quatre-vingt-treize' a des beautés et c'est senti

Comme une merde, quoi qu'en disent Cros et Tronche

Et l'Acadême où les Murgers boivent du ponche.

Mais plus de bleus et la daromphe m'a chié.

C'est triste et merde alors et que foutre? J'y ai

Pensé beaucoup. Carlisse? Ah! non, c'est rien qui vaille

À cause de l'emmerdement de la mitraille!

          F. C.

我爱纯苦艾酒和学习,

烦闷的时候我也需要欣赏

上演的戏剧和所有加蒂式的戏剧。

《九三年》[a]魅力四射,但有人觉得

那是一坨屎,无论克罗和特龙什怎么说,

还有米尔热们喝潘趣酒的俱乐部。

但是烟雾没有了,老太太在我身上拉屎。

很难过,该死,该怎么办? 我

左思右想,卡洛斯派? 哦,不,那不值得,

因为子弹如雨点般飞来!

怪罪兰波厌恶子弹是有失忠厚的，毕竟他被枪击过。他没有去服役，而是拿了钱就走。据从路易·福兰那里获得消息的努沃说，兰波7月下旬在巴黎，与梅西耶和卡巴内一起生活。8月下旬，他回到了夏尔维尔。毫无生气的默兹河根本提供不了什么运输工作，他只好将注意力转到了其他想法上：服兵役和高中会考，过了考试他可以去理工大学学习。（至少他是这样盘算的，但是他没有意识到，刚满21岁的他已经超过了理工大学的招生年龄。）他在兰波太太为他租来的钢琴上也花了些时间，日日夜夜地上钢琴课或练习。

德拉埃把兰波转向科学的想法告诉了魏尔伦，魏尔伦问是谁给"奥梅"出的馊主意——奥梅是《包法利夫人》中的药剂师，常常标榜自己是科学家，这是魏尔伦给兰波取的众多绰号中的一个，其他还有"玩意儿"（Chose），"家伙"（l'Homme），"另一个"（l'Autre）和"牛虻"（l'Œstre，属于狂蝇家族的寄生马蝇）。魏尔伦要求德拉埃将手中所有由那个"存在"（l'Être）——兰波的另一个绰号，发音与l'Œstre（牛虻）几乎相同——创作的诗歌都寄给他。德拉埃回答说，兰波不再写诗了，甚至似乎都不记得曾经写过诗。

12月18日，兰波17岁的妹妹维塔丽死于结核性滑膜炎。出殡那天，出席葬礼者惊讶地发现她的哥哥——他出现在死亡证明上的时候把自己的职业登记为"教师"——

剃了光头以示哀悼。

接下来的几年对于后来被魏尔伦称作 l'homme aux semelles de vent（脚底生风的人）的兰波来说是一段行动诡异的岁月。在 1876 年的头几周里，他从一本破旧的希腊语-俄语词典学习俄语。春季他去了维也纳，希望去俄罗斯寻找工作。然而，到达维也纳后，他被马车车夫殴打和抢劫，在没有外套、帽子或钱的情况下被警察带到了边境，然后步行返回夏尔维尔。[b] 他又从夏尔维尔经布鲁塞尔和鹿特丹到达哈尔德维克（Harderwijk），在那里入伍，准备在当时被称为荷属东印度的地方[1]当六年雇佣兵。6月，他的部队乘坐"奥兰治亲王"号从登海尔德（Den Helder）出发。船在7月到达爪哇的时候，兰波又不愿打仗了。当局宣布他为逃兵，所以他在三宝垄的两个星期里一直保持低调，仅仅靠着应征入伍时得到的 300 弗罗林为生。两周后，他用化名登上了一艘名为"流浪首领"号的苏格兰船只。在好望角附近经历了一场惊险的风暴之后，"流浪首领"号于 12 月驶入爱尔兰昆士镇的港口。兰波随后可能去了巴黎——也许见到了努沃，后者在把朋友称为"水手兰波"的时候想到的是辛巴达——最终又回到了夏尔维尔。

在夏尔维尔度过冬季后，兰波再次出发，这次是去了

---

1 指 1800—1949 年荷兰殖民统治下的印度尼西亚。

保罗·魏尔伦在致欧内斯特·德拉埃的信中所画的兰波
1876 年 3 月

东北。5月初,他在科隆,和一位为荷兰军队招兵买马的官员接洽。仅隔一周,他又致信美国驻不来梅领事:

> 1877年5月14日,不来梅
>
> 本信函签署人〔原文 untersigned〕阿尔蒂尔·兰波出生于法国夏尔维尔,年龄23岁,身高5英尺6英寸,身体健康〔原文 Good healthy〕,曾任科学和语言教师,最近从法军第47团离职,眼下在不来梅没有任何经济来源,法国领事馆也拒绝任何救济。
>
> 想知道他可以在什么条件下立即签约加入美国海军。
>
> 能讲和写英语、德语、法语、意大利语和西班牙语。
>
> 从1876年8月到12月的四个月间,从爪哇岛到昆士镇,一直在一艘苏格兰船上当水手。
>
> 若能收到答复不胜荣幸和感激。
>
> 约翰·阿尔蒂尔·兰波(*OC*, 466)

未能接到积极答复,他便继续上路。夏天,他在北欧国家干着各种各样的营生——虽然无法证实:根据德拉埃的说法,他曾在斯德哥尔摩和哥本哈根为卢瓦塞(Loisset)马戏团做过翻译。诗人的妹妹伊莎贝尔对在马戏团工作一说提出异议,声称他是在一家锯木厂工作。6月,他的名字两次出现在斯德哥尔摩的外国人登记处,首先是从事销售工作,而后是担任水手。无论是哪种工作,总之,9月他回到了夏尔维尔，旋即去了马赛，从那儿乘船前往埃及亚历山大港。但是在马赛的时候他又病倒了，起航后不久，他的胃剧烈疼痛，只得在意大利奇维塔韦基亚下船。在罗马休养一个月后，他回到了夏尔维尔，在那里度过了下一年的大部分时间，据说在复活节前后短暂地去了趟巴黎。因为在他的家族农场上耕种的农民拒绝续租，所以阿尔蒂尔在农场上干了一阵子活，帮助他的家人——哥哥弗雷德里克服役了五年后刚刚回家。他不知道伦敦的《绅士杂志》(*Gentleman's Magazine*) 以《可怜的孩子》为题发表了他的诗《惊呆的孩子》。过往的诗人生活已成遥远的记忆。

24岁生日那天，他再次出发，穿越瑞士，又一次徒步穿越圣哥达山口——但是这次是在10月下旬，积雪几乎有1米厚。他先到达米兰，然后去了热那亚，打算再次乘船去亚历山大。到达热那亚后，有几封家信早在那儿等着他，因此他写了一封很长的回信，描述了他的旅行和将来的计划。对这次辛苦穿越的描写之所以给人留下深刻的印象，倒不是因为兰波在写作上特殊的文学才能，而是因为他所经历的艰难险阻：他竭尽全力走出了一场令人目眩的暴风雪，在攀登近5000米的高度时，积雪高达他的肋骨。在这种情况下穿越圣哥达山口使读者了解到兰波已经成为一位非凡的旅行者。[c]从他早先漫步穿越阿登乡村的转变几乎已经完成：悠闲的、漫无目的的流浪不见了，取而代之的是对特定目的地的执着，正如描述它的写作已经抛弃了诗意和超然，转而追求冒险和对外部世界的详细描述。写作变成了另一回事。

当他在 11 月 17 日坐下来向家人叙述自己如何穿越圣哥达山口时，他还不知道当天他的父亲在第戎去世了。

两天后，他出发前往亚历山大，12 月中旬的时候却出现在塞浦路斯，在拉纳卡（Larnaca）的一座采石场里当主管。六个月后，他患了伤寒，离开了那里。罗什再次成为疗养地，因为有条不紊的农场工作那平静节奏无疑能令人在狂热的旅行之后感到松弛。德拉埃在来访时问老朋友是否还惦记着文学，兰波感到一丝惆怅，说他不再为这些事情烦恼。在德拉埃看来，兰波觉得冬天越来越难熬，这证明他确确实实已经改头换面。一连几天在雨雪中艰难跋涉的日子已经成为过去；他需要温暖，并且谈到要去至少是地中海那样的南部住。兰波充分表明：你可以把这个男孩带出夏尔维尔，或许也可以从男孩那里带走一点夏尔维尔。这将是两个朋友的永诀。

1880 年 3 月，兰波回到塞浦路斯，成为了"监管人员"，每月收入 200 英镑，监督特鲁多斯山（Mount Troodos）上第一座永久性房屋——英国总督夏季官邸——的建筑工地。后来镶在门上的牌匾——"阿尔蒂尔·兰波，法国诗人和天才，虽然名闻遐迩，但是曾用他的双手为建造这所房屋而添砖加瓦，1881"（*JJL*, 779）——漏洞百出。日期就错了，在塞浦路斯的时候兰波尚是无名之辈，他也没有亲手建造任何东西(他很可能监督了5月份开工的工棚的建造,以及后来总督官邸的奠基)。在项目远未完工之前他就离开了工地,于6月前往亚历山大。为什么在完成工作之前就离开了,这个问题疑云重重。他在给母亲信中说,那是因为与雇主发生了财务纠纷,但是后来他又对迪丁的雇主说,这家塞浦路斯的公司倒闭了。根据后来陪同兰波在盖拉(Galla)地区探险的奥托里诺·罗沙(Ottorino Rosa)的说法,兰波曾私下里向他坦承过另一个原因:他失手扔出的一块石头砸到了一名工人的头部,该工人因此死亡,他则逃到了一艘船上躲藏了起来,直到起锚开航。

在亚历山大待了仅仅两天之后,他登上了前往红海的船,并于8月初驶入亚丁:具体地说是进入了塔瓦希(Tawahi),是亚丁作为英国直辖殖民地城市时候的轮船停靠站,该殖民地又属于更大的亚丁定居点。亚丁位于阿拉伯半岛的西南角,在商业方面具有重要战略地位,因为轮船从地中海驶往印度洋的途中会在那儿停泊。尽管兰波一到亚丁就病倒了,但他有一封途中遇到的一位法国人出具的推荐信,他把它交给了另一位同胞迪巴(Dubar)先生。迪巴在从事进出口贸易的维亚内、巴尔代及合伙人公司(Viannay, Bardey & Company)工作,他雇用兰波作车间的工头,监督咖啡豆的分类、分装、称重,最后装船运往马赛。这份工作让兰波每天挣到7个法郎。在新的环境中,兰波的日子还算轻松。亚丁的其他地方在 8 月是异常闷热的，但在轮船停靠站却凉风习习，这使它深得许多当地欧洲人的青睐，他们在宇宙大饭店（Grand Hôtel de l'Univers）和欧洲大饭店（Hôtel de l'Europe）这两座均由法国人经营的旅店内享受着大好时光。

兰波的老板阿尔弗雷德·巴尔代（Alfred Bardey）的行动也非常迅速：5 月份刚成立了公司，他就马不停蹄地去了埃塞俄比亚东部，在哈勒尔（Harar）这座高墙环绕的城市中建立了一个新的前哨基地，我们这位曾经的诗人就是在此时抵达亚丁的。当巴尔代离开一个月后回来的时候，迪巴已经对兰波很有好感，因为那时兰波的阿拉伯语已经说得很好，可以指挥当地工人了。当兰波得知巴尔代将哈勒尔的办事处交到了一位潘沙尔（D. Pinchard）的手上后，就要求将自己派到那儿去，巴尔代同意了。11 月 10 日，兰波与该公司签订了为期三年 1800 卢比的合同——相当于每月 300 法郎——外加哈勒尔办事处 1% 的净利润。兰波和他的新同事康斯坦丁·里伽（Constantin Righas）从阿拉伯半岛前往阿比西尼亚（Abyssinia），赶赴新的岗位；他们从轮船停靠站穿越亚丁湾抵达泽拉（Zeila），今属索马里的一个小港口，该港当时所在的塔朱拉湾现名吉布提。如果说许多非洲东海岸城市的经济都很萧条，那么泽拉却是一个例外：其蓬勃发展的商业活动包括象牙、小麦、蜂蜜、黄金和奴隶贸易（法国将在 1889 年 10 月名义上废除塔朱拉的奴隶贸易)。里伽和兰波骑马奔波了二十天,穿过索马里沙漠到达了哈勒尔,一座处于埃及殖民占领下的山顶上的城市。兰波写信给他的家人说,因为那里有着健康的贸易,包括用骆驼将进口的欧洲商品运到该市,所以赚钱的机会还是很多的。事情正在好转,却不料第一次来到哈勒尔数周后,他又病倒了。据巴尔代说,那是梅毒。巴尔代是去走访公司的新办事处的,他借助埃及驻军的医疗设备帮助这位雇员恢复了健康。(3月份潘沙尔也中招了:疟疾迫使他永远离开了哈勒尔。)兰波在哈勒尔的蜜月非常短暂,很快他就提到想离开这座城市。5月,他与员工康斯坦丁·索蒂罗(Constantin Sotiro)出发去布巴萨(Boubassa)地区探险,准备购买商品后在哈勒尔转售。回来之后,他安排将自己的利润汇回法国的家人,计划回去进行新的探险——更加长久、更加危险的探险。新的探险贯穿了整个夏天。9月标志着雨季的开始,也标志着在一个再也无法忍受的城市中的停留结束了。他向巴尔代递交了辞呈,后者邀请他回到亚丁的本部。他将在那里度过1882年,直到1883年3月返回哈勒尔。

一部分围绕兰波的神话历来认为,他离开欧洲的时候也告别了写作。尽管他不再写诗,但这位好学者对学习的渴求依然如故,因此他以一种新的体验和学习形式坚持不懈地追求各种形式的"他者"。除了学到的语言之外,他转向码头和采石场的体力劳动是为了追求科学知识的实践方面,这在《彩图集》的一些诗中以及与德拉埃讨论高中会考的时候已经有所流露。阅读和写作没有消失,而是经历了一系列更替。1881年1月,他写信给家人,要求他们将他的书单转给书商:

> 德国或瑞士作家的一部作品,几年前在德国出版的,译成了法文,书名是《旅行者指南》或《探险家的实践与理论手册》。(差不多就是类似书名吧。)我听说这部出版物是探险家必备的所有知识的简明汇编,包括地形学、矿物学、水文学、博物学等方面的知识。(*OC*, 486—487)

他还给巴黎的仪器制造商鲍丁(Bautin)先生附了一封信,说:"我想知道有关法国(或是海外)最好的数学、光学、天文学、气象学、气体力学、机械学、水力学和矿物学的仪器的一切,但是我对手术器械不感兴趣。"(*OC*, 487)一年后,他从亚丁给家人写信,请他们转给德拉埃一封信,要求老朋友帮忙购买一些设备,最好是"在一个有专长的人的帮助下,例如你可能认识的某位数学教授":旅行经纬仪,六分仪,包含三百个样品的矿物箱,袖珍气压计,勘探师的测量线和数学盒子。(*OC*, 505)他还向德拉埃索要了更多的书,他开出的书名——根据与他一起工作的人的说法,还有他阅读的书名——也揭示了兰波对科学知识的渴望:《地形学和土地测量学》《三角学》《矿物学》

《水文学》《气象学》《工业化学》《旅行者手册》《旅行准备须知》《天空》,以及《1882年经度局年鉴》。

无休止的买书藏书,只为了有朝一日能用精美的皮面书装点墙壁,这向来不是兰波的风格,这个"语言天才"现在完全浸润在世界元素的语言中:写作是地形学和水文学;逻各斯是矿物学和气象学。建立在"所有感官长期、广泛和有意识的错乱"基础上的诗歌愿景已经消失了,原先的广泛——源自拉丁语 immensus,即无法估量——已被所有可以衡量的东西所取代,无论是三角还是土地测量学将世界划成的所有形状和大小。这一步远远超出了从"主观"到"客观"的文学观念的转变,兰波的科学观察思想超出了诗歌的界限。它可能缺乏诗意,但是可测量的世界仍然值得研究、描述甚至细化。正如他在1882年1月写给他的家人和德拉埃的信中所解释的那样,他打算撰写一份有关哈勒尔和盖拉地区——他曾探险过的两个地区——的研究报告并将其发表。果不其然:兰波将日期为1883年12月的《有关欧加登地区的勘探报告》寄给了巴尔代,后者于次月将它寄给了巴黎地理学会。1884年2月1日的学会会议宣读了这份报告,并将其选入1884年的学报中。

这份报告对欧洲探险家未曾涉足的阿比西尼亚部分地区的描述值得注意,尽管它本身远非文学作品,却仍是一种写作。因此,兰波并非背弃写作,而是告别诗歌去研究可以探索的其他世界和表述这些世界的其他方式,这样理解才是有益的。毕竟,"通灵人"计划要求将书面文字与看到的内容融会贯通——至少在某种程度上,而在非洲期间兰波的创作冲动仍然恪守这种融合:平淡的、无文学色彩的文字与更具创意的视觉元素相结合。正如他在 1882 年 1 月发出的几封信中所解释的那样,他正等着从里昂寄来的他所要求的照相器材。他说这将是非常有利可图的,他的地理研究报告将用自己的照片作为插图。这种文字和图像的组合对兰波来说并不陌生:十年前,《诅咒诗画集》的页面就充斥过各种各样的插图和文字。而且在此之前,兰波曾向德拉埃提到一个想法,即把一组散文诗题为《往日摄影》(*Photographie des temps passés*),这无疑是受到了从巴黎公社的废墟中冉冉升起的新行业的启发。但是在公社时期兰波尚笃信诗歌语言,笃信它借助"通灵"揭示另一个世界的能力。十年后,这位在非洲的曾经的诗人转向摄影来弥补他对诗歌语言的信心缺失,转向他眼中毫不夸张的、神秘的"另类"世界的图像。当兰波从他阅读的科学著作中汲取灵感,设想着记录下自己观察结果的作品的时候,他越来越觉得摄影可以发挥作用,带来可喜的成果。至少,兰波就是这样向他的家人描述这些成果的,因为在 1883 年春夏两季他每次提到它们的时候,都以"奇特"来形容:

> 此外,我打算制作一个奇特的照片专辑(1883 年 3 月 19 日;*OC*, 524)

这里每个人都想拍照,他们甚至愿意为每张照片出价一个基尼。我还没安顿下来,也不知道会发生什么事;但我会很快地做这件事,会寄给你们一些奇特的东西。(1883 年 5 月 6 日;*OC*, 526)

我收到了你们确认收到照片的信。谢谢。那些不是很有趣。由于下雨,我已经放弃了那个系列,已经有三个月没出太阳了。天气好的时候我会再拍的,我可以寄给你们一些真正奇特的东西。(1883 年 8 月 26 日;*OC*, 533)

今天,兰波纪念馆拥有摄影师兰波拍摄的所有照片(只缺一张),包括了哈勒尔的集市和哈勒尔的保护者谢赫乌巴德的陵墓的景象,一位在用阿拉伯茶的达布拉(daboula,存放咖啡豆的羊皮)工人的肖像,以及索蒂罗的一张肖像。[d] 还有其他三张 1883 年摄于哈勒尔的照片传世:三张兰波的自拍像。兰波之所以认为他们很奇特,至少部分可能是因为法语单词 autoportrait(自拍像)要等四十五年后才会问世;在 5 月 6 日给母亲的信中他附上了他所说的"我为我自己拍的照"(*OC*, 526)。无论是站在香蕉树前还是在露台上,晒黑了的曾经的诗人的面部表情很难辨认。[e]

几张模糊的照片和一些道听途说填补了"非洲人兰波"

茶歇中的达布拉工人
阿尔蒂尔·兰波摄，哈勒尔，1883 年

兰波在一丛香蕉树前的自拍像
哈勒尔，1883年

那残缺不全的肖像中的空白。集体照包括 1883 年在亚丁附近为纪念一次狩猎而拍摄的照片（兰波站着，左臂交叉放在胸前）和 1880 年 8 月在亚丁宇宙大饭店阳台上欧洲人的一张合影——2010 年 4 月向公众展示这张照片的时候，据称右边第二位坐着的就是兰波。能够拥有一张成年时代的兰波的清晰影像确实让人心动，但是法国媒体围绕此人是否真的是兰波进行的那场激烈辩论（甚至诉诸生物特征分析）却让人依旧一头雾水。所幸他的诗歌给人留下了更令人信服的印象，抑或更多的热情。

因为与此同时，兰波在别处也出现了，是在印刷品中。1882 年，费利西安·尚索尔出版了《狄纳·塞缪尔》一书，这是一部真人小说，其中包括一些尚索尔非常熟悉的

宇宙大饭店阳台上的合影，亚丁，1880 年
据称右二坐着的青年为兰波

194 兰波

在亚丁的谢赫奥斯曼区，约 1883 年

巴黎文学界的人物简介。在某一章中，一位印象派画家试图说服一位作家相信，某个名叫阿尔蒂尔·西伯（Arthur Cimber）的人——在 1886 年出版的小说第二版中他的名字将是"阿尔蒂尔·兰波"——是地球上最伟大的诗人，并且出示了《捉虱的姐妹》（Les Chercheuses de poux）一诗的两节以作证据。第二年，当兰波正前往欧加登地区探险的时候（由巴黎地理学会发表的那篇报告正是这场探险的成果），他的名字已经出现在报纸上：在《卢泰斯》（Lutèce）杂志 10 月和 11 月两期上，魏尔伦在题为《受诅咒的诗人》（Les Poètes maudits）[f] 的系列中描述了他曾经的伴侣，用了比开篇文章中描写特里斯坦·科比埃尔[1]三倍多的文字，

---

[1] Tristan Corbière（1845—1875），诗人。

向公众详细介绍了这位公众大多很少耳闻的早熟而独特的诗才。他失散已久的朋友得到了可说是一则最有利的介绍:

> 我们很高兴认识阿尔蒂尔·兰波先生。今天,因为各种理由我们天各一方,但是,我们对他的天才的深深钦佩不曾有过一丝动摇。
>
> 遥想当年邂逅他的时候,阿尔蒂尔·兰波先生尚是一位16或是17岁的孩子,但是已经具备了真正的读者理应熟谙的诗歌积累,我们也将尽可能多地引用此项积累,对它做出分析。
>
> 此人身材高大,魁梧,有着竞技者的体魄,一张堕落天使般椭圆形的脸,乱糟糟的浅棕色头发,眼中泛着一丝令人不安的浅蓝色。除了很快失去的乡音之外,他还拥有阿登人共有的迅速同化的禀赋——这可以解释灼热的巴黎阳光何以会迅速烤干他的风格,请允许我借用一句我们祖先的话,他们直接和正确的语言并不总是不正确的!(OPC, 643—644)

魏尔伦完整收录了许多诗歌,借此向《卢泰斯》的读者展示了一部名副其实的诗集:《元音》《晚祷》《坐客》《惊呆的孩子》《捉虱的姐妹》《醉舟》全文收录,《初领圣体》《巴黎狂欢节或人口剧增》是片段,还提及许多其他诗歌,包括《蹲》《教堂穷人》《海关检查员》《让娜-玛莉亚的手》《仁慈的姐妹》,以及《永恒》。魏尔伦说,最令人赞

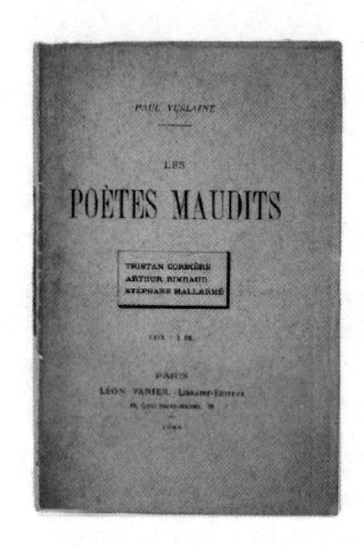

保罗·魏尔伦
《受诅咒的诗人》
(1886) 封面

叹的诗是《守夜人》(*Les Veilleurs*):

> 太可惜了!《守夜人》这首诗——已经找不到了,记忆也无法重构它——给我们留下了诗歌所能给人留下的最深印象。它有颤动,有广度,有神圣的悲伤!如此崇高的悲凉口吻,我们敢说在阿尔蒂尔·兰波先生所有的作品中它绝对是最美丽的!(*OPC*,654)

不幸的是,这首诗杳无踪影,至今仍是漏网之鱼。

两个同时但毫无关联的世界齐头并进:在非洲,追逐利润的探险家马不停蹄,在法国,对他以前文学生涯的欣赏与日俱增。巴尔代的哈勒尔办事处于 1884 年 3 月关闭，6 月，兰波与继起的巴尔代兄弟公司签订了一份在亚丁工作的新合同。在接下来的十六个月中，这座城市将成为他的家。在法国，新一代诗人在魏尔伦的评论所引用的那些诗歌中找到了灵感，特别是《元音》。他们很快集结在象征主义的旗帜下，尊奉兰波为他们的先驱之一。1885 年 5 月，大约有 200 万巴黎人上街游行，哀悼维克多·雨果的去世，法国诗坛失去了一位巨人。但是在遥远的非洲，这位曾经的受诅咒的诗人所考虑的计划无任何诗意可言。10 月，他意识到，与其监督这门枯寂的咖啡贸易，还不如去其他地方赚更多的钱，于是他离开了巴尔代公司去进行新的冒险。当"子弹"属于卡洛斯派时，他可能会害怕，但现在另当别论。他决定带领一支大篷车车队运送军火给正与阿比西尼亚皇帝约翰（Jean of Abyssinia）交战的绍阿（Shewa）地区的国王孟尼利克二世（Menelik II）。（远在巴黎，卡米耶·莫克莱[1]和加布里埃尔·维凯尔[2]正在打磨对兰波《晚祷》的仿作，准备用在他们 1885 年的小说《安德烈·弗洛佩特的犯罪》[*Les Délinquescences d'André Floupette*] 中。）这位曾经的诗人告诉母亲，他拟将 2000 枝被宣布为过时的步枪卖给孟尼利克：这些枪是以每枝 7 或 8 法郎的价格买来的，他计划以每枝 40 法郎的价格倒

---

[1] Camille Mauclair（1872—1945），诗人，小说家，艺术史家和文艺批评家。
[2] Gabriel Vicaire（1848—1900），作家，诗人。

卖。为了将它们交给孟尼利克，他必须渡过红海，他的大篷车车队必须从塔朱拉穿越数百公里未知的大漠，这片大漠由于天然的荒原和出没于此的土匪而变得异常荒凉。最终，他于1886年10月出发，与他在巴黎日益增长的文学声誉隔着几个月和几千英里的距离。

他的文学成就如日中天，但把军火出售给孟尼利克的如意算盘却没能实现，两相对照简直是霄壤之别。兰波的两个生意伙伴死了，他自己也遇到了窃贼。1887年2月，他到达了绍阿地区的首府安科伯尔（Ankober），但是孟尼利克却在190公里外的恩托托（Entoto，今亚的斯亚贝巴）打仗，所以要想做成买卖他的车队还得继续赶路。当两个月后他终于到达那里时，兰波发现孟尼利克不再愿意支付他们商定的价格了。他灰头土脸地与探险家儒勒·博雷利（Jules Borelli）一起返回哈勒尔，从总督马科南公爵（Ras Makonnen）那里获得了少量报酬。1886年5月和7月，如果兰波身处巴黎，而不是盘算着把军火卖给孟尼利克，那该多好！《浪潮》连续五期发表了《彩图集》中的诗。第一批发表的法语自由诗包括5月29日这一期上的《航海》和6月21日这一期上的《运动》。[g] 首次独立印刷的全部200册《彩图集》——其中错误地包括了一些1872年的诗歌——在秋天面世，由魏尔伦作序；正是在此序言中，魏尔伦提出了他说的兰波想要的副标题"彩色图版"（Coloured Plates）。

[这一册]由短小篇章,精美散文或美味可口的假韵诗组成,没有提纲挈领的思想,至少我们找不到。有的是掩饰不住的身为伟大诗人的喜悦,醉人的童话般的风景,勾勒出可爱的朦胧的爱情,以及最高的文体目标(业已实现):这是我们认为敢为下列作品所做的概括。读者需要欣赏它的细节[……]

他已被多次宣布死亡。我们没有意识到这个细节,这会让我们感到非常难过。万一这不是真的,愿他知道。因为我们曾经是他的朋友,并且尽管山高路远我们仍然是他的朋友。(*OPC*,631—632)

虽然兰波被宣布死亡,但他还活着,尽管区别不是很大。1887年7月,他回到亚丁时已是精疲力尽:旅行之后的他疲倦不堪,需要休息——在此期间,他当然会继续写作。8月,开罗提供了一个喘息的机会,当月,《埃及海峡报》(*Le Bosphore égyptien*)发表了他的绍阿探险经历。兰波在亚丁并不孤单,他的仆人佳米·瓦塔伊(Djami Wadaï)陪伴着他。关于佳米的情况,除了最初来自哈勒尔,已婚并育有一子以外,其余一概不知。他自1884年以来一直与兰波在一起,并将一直守护着他,直至他去世。佳米对兰波来说非常重要,他临终前还在呼唤他。在他唯一的遗赠中,他给他留下了750塔拉(3000法郎)。然而,他不是兰波在非洲生活时期小圈子中的唯一成员;在亚丁认识他的目击者说，1883年或1884年，他和一个阿比西尼亚女人住在一起，这个女人非常可爱，高大苗条，相当漂亮。关于她，所有已知的事情都来自毫无根据的说法，尽管1884年8月的一封信中提到了兰波和一个叫玛丽亚姆（Mariam）的女人一起旅行。鉴于他喜欢语言，他很有可能教她说法语，她好像穿着欧式服装，会抽烟，巴尔代的管家弗朗索瓦兹·格里萨尔（Françoise Grisard）教她缝制衣服。在巴尔代看来，这种关系非常亲密，可说是兰波在通往拥有自己的家庭的道路上迈出的最近的一步，他在写给母亲和兄妹的一封附着自拍像的信中如此思考：

> 我真遗憾从未结婚或成个家。但是现在，我注定要流浪，执着于遥远的事业，每天我都对欧洲的气候、生活方式甚至语言失去兴趣。唉！如果多年后的一天，我不能在一个或多或少令人愉悦的地方休息，建立一个温馨的家庭，至少有一个儿子，在有生之年用我认为合适的方法把他抚育成人，用那时能获得的最完整的知识来装饰和武装他，看着他成为一名著名的工程师，一个被科学造就的强大而富有的人，那么所有这些折腾，这些疲惫，这些与陌生种族的人们一起进行的冒险，这些充斥我的记忆的语言以及这些无可名状的种种困难，又有什么意义？但是谁知道我在这些山里能撑多少天呢？我可能会消失在这些民族中间，而外界却对此一无所知。

(*OC*, 527)

兰波在亚丁的伴侣"玛丽亚姆"
1880 年代前期

与阿比西尼亚女子的恋情只持续了两年。巴尔代说，兰波离开他的公司时——也就是当他去和孟尼利克做交易的时候——曾经拿钱打发她回家。

经过充分休息之后，兰波回到亚丁，盘算着在绍阿建立兵工厂，为他的法国同胞阿尔芒·萨乌雷（Armand Savouré）经营枪支。正如萨乌雷解释的那样，1888年秋天他和兰波在哈勒尔一起待了一个月，写作仍然是兰波的一项主要的常规活动：萨乌雷从未弄明白兰波是在哪儿睡觉的，因为他日以继夜地坐在办公桌前写作。[h] 也许在倒腾枪支方面兰波终于吸取了教训，他与商人塞泽尔·蒂昂（César Tian）合伙在哈勒尔开了一家贸易站，买进、卖出，或者以实物交易能够弄到的所有物资，过着一种安静的、甚至是无聊的生活。在此期间，他结识了瑞士工程师阿尔弗雷德·伊格（Alfred Ilg），后者在孟尼利克赶走埃及人并加冕为皇帝后出任他的总理。正是伊格在1890年8月23日写信给兰波，劝阻他购买奴隶。伊格写道，他承认兰波的良苦用心，而且也没有证据或目击者证明兰波在做其他事情，所以极有可能这位前诗人只是探询一下奴隶交易的可行性，而并未真正染指。他的精力全用在买卖其他东西上，而不是买卖人。

当然，如果他愿意的话，是有时间和机会重拾写作生涯的，但是他没有这么做。兰波曾经向以前的同学、此时正为《时代》（Le Temps）杂志写稿的保罗·布尔德（Paul

Bourde)提供过几篇关于他在非洲探险的文章,后者于1888年2月下旬回信,表明他对此类文字很感兴趣,并对一个完全不同的话题发表了一些看法:

> 你和我们远隔万水千山,可能不知道,你在圈内已经成了传奇人物:你被认为是一位已经作古的名人,但是一些忠实的爱好者仍然相信你尚在人间,他们执着地盼望着你的归来。你早期的诗歌,包括散文诗和韵诗,在拉丁区的一些期刊上发表,甚至结集成册。一些年轻人(我觉得他们很天真)试图在你那首有关字母颜色的十四行诗的基础上建立一个文学体系。尽管这个小团体根本不知道你的近况如何,但仍然尊奉你为他们的大师,希望有一天你会再现真身,把他们从默默无闻的苦海中拯救出来。(*OC*,641—642)

尚不确定兰波是否给布尔德回了信,但他很珍惜这封信,把它保留了下来。两年后,他收到了一封类似的充满溢美之词的信,这次是来自马赛的一家杂志《现代法国》(*La France moderne*)的编辑洛朗·德·加沃蒂(Laurent de Gavoty):

> 先生和亲爱的诗人,
> 　我拜读过您那美丽的诗作:由您这位颓废和象征主义诗歌流派的主帅赐稿鄙刊《现代法国》,我该是多么高兴和自

豪！恭候大作。(OC, 746)

我们同样不知道兰波是否回了这封信，但是该杂志还是得知信件已经到达了目的地，因为1891年2月19日，它在其第三页的上方自豪地宣布了以下新闻：

> 这次我们逮住了他！
>
> 我们知道兰波在哪里了，那个伟大的阿尔蒂尔·兰波，那个真正的阿尔蒂尔·兰波，那个创作了《彩图集》的兰波。
>
> 这不是一个变态的玩笑。我们确实知道了这位著名失踪者的巢穴。

即使兰波确实对这些邀请动了心，他也不露声色。这位作家仍在写诗的时候即将早年的文学尝试称为愚蠢，现在更无回头之理，他的心思根本不在以前的诗人生活。当布尔德后来告诉巴尔代，他雇用的年轻人曾是一位才华横溢的诗人的时候，巴尔代大为惊讶。偶尔提及此事，兰波也支支吾吾，称自己小时候干的营生是"残渣"，称早年生活为醉生梦死的年月，这是事实也是比喻。

加沃蒂和《现代法国》的读者听不到更多消息的另一原因是"伟大的阿尔蒂尔·兰波，真正的阿尔蒂尔·兰波"正经历着痛苦：巨大的痛苦，真正的痛苦。遗憾的巧合是，就在该杂志宣布追踪到他的同一个月，兰波被大大地放慢了速度：他的右膝盖非常疼痛，这位"脚底生风的人"无法行走。起初他以为是关节炎，但疼痛变本加厉，他不得不关门大吉，让人搭了一只帆布床，这样可以抬着他穿越240公里的沙漠到泽拉。这段旅程并不轻松：他们花了十一天才穿越了沙漠，在去亚丁的船上又花了三天。在泽拉诊治兰波的欧洲医生诊断为结核性滑膜炎——常见于类风湿关节炎——并建议截肢。因为身体虚弱和营养不良，兰波在医院住了两周后仍然不见好转，医生鼓励他回法国去接受治疗。于是他再次踏上旅途：从亚丁到马赛花了十三天，于5月20日到达马赛，立即住进了圣胎医院（Hôpital de la Conception）。两天后，马赛与罗什之间有了电报往来（OC，773）：

兰波太太，罗什

阿蒂尼附近

阿登省

你或伊莎贝尔今天乘快车来马赛。

星期一早上他们将截去我的腿。

有死亡的危险。交代余事。阿尔蒂尔。圣胎医院。盼复。——兰波。

答复非常迅速（这不是啰嗦的时候）：

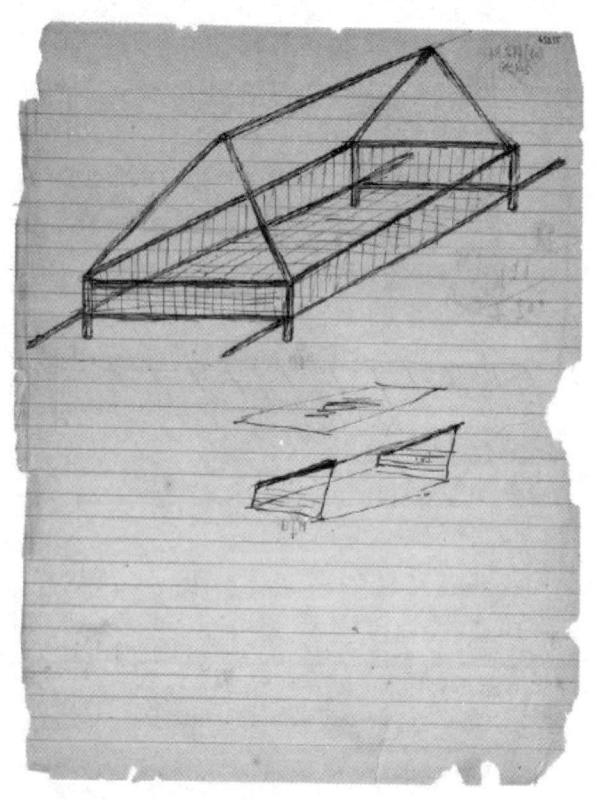

兰波画的草图。他让人按这样子搭了
一个帆布床，把他从哈勒尔抬到泽拉。

阿尔蒂尔·兰波,圣胎

医院,马赛。

> 我此刻动身。明晚到达。勇气和耐心。——兰波先生遗孀。

膝盖以上的截肢手术很成功,他来到康复室时,"老妈"正等着他。检查表明,疼痛不是滑膜炎引起的,而是骨肉瘤引起的。兰波太太看到儿子正在痊愈,就回到了阿登,毕竟她还得照顾家里的人。

一有气力,兰波便坚持走路:先是用拐杖,然后用木制假肢。他体会到了行动不便的讽刺意味:

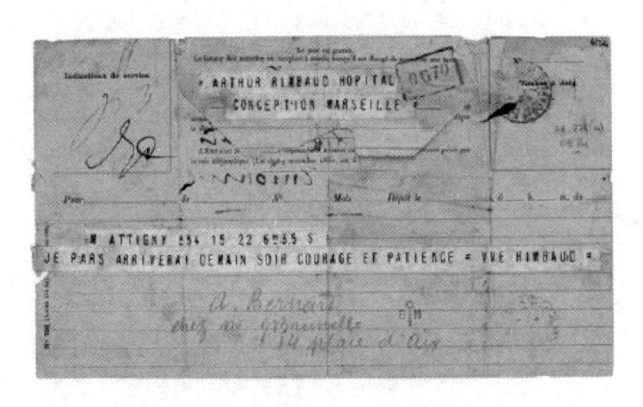

兰波先生遗孀拍发给儿子的电报,1891 年 5 月 22 日

> 我拄着拐杖开始重新走路。真见鬼！一想起往日的旅行，我就那么烦躁，那么悲哀，仅仅五个月前我还欢蹦活跳呢！穿越山脉，行军，漫步，可是那些沙漠、河流和海洋现今在何方？现在，我是只有一条腿的**瘸子**。我开始理解，拐杖、木腿和机械腿全是一堆笑话，所有这些东西最终使你痛苦不堪，一事无成。我居然还决定今年夏天回到法国结婚！再见了婚姻，再见了家庭，再见了未来！我的生活结束了，我只不过是一堆一动不动的行尸走肉而已 [……] (*OC*, 785)

两个星期后，他又得搬家了：用了一节特别的车厢，他回到了阔别十年的罗什。妹妹伊莎贝尔照顾他，一个月后，又陪着他回到马赛。他希望在那里能得到更好的治疗，一旦病情好转就轻松地回到非洲。但是癌症已经扩散了，病情很快就恶化了。他呼唤着佳米，要求再次旅行，这次是返回哈勒尔，但是这样的旅行已经一去不复返了。

兰波最后几周的生活记录来自妹妹伊莎贝尔的日记和信件。尽管她在许多方面美化了哥哥生前的生活和作品，但是她对他最后几周身体状况的描述看来还是可靠的。10月28日她给母亲写信：

> 死神正迅速逼近。亲爱的母亲，我在上一封信中告诉你，他的腿肿胀得很厉害。现在，在臀部和腹部之间，就在股骨上方，癌变很快。他的腿之前很敏感，很痛，现在几乎没有

伊莎贝尔·兰波
拍摄年代不详

感觉了。阿尔蒂尔尚未看到那致命的肿瘤；见到大家都来看他那条可怜的无知觉的腿，他很惊讶；所有的医生（来看过他的至少有十位了）也被这奇怪的癌症唬得无言以对。

目前，最折磨他的是头和左臂。他常常处于昏睡状态，似乎是睡着了，但是如果有什么声响他倒是听得特别清晰。给他注射了吗啡帮助他入睡。

醒来后，他不停地做着梦，结束自己的生活：他会柔声细语说着一些奇怪的话，如果不是这样的伤心时刻，倒是会让我陶醉。

[……]

实际上，医生们基本上已经停止查房了，因为与他们谈话时他总在哭，这让他们很是不安。他能认出每个人，但有时称我为佳米［……］我们在哈勒尔，我们正前往亚丁，我们必须弄到骆驼，组织起大篷车车队；他装着新假肢轻松地走着，我们骑着马鞍很大的骡子长途跋涉；然后我们工作，记账，写信。快点，快点，人家在等着我们呢，我们必须合上行李箱，马上离开［……］然后他又开始哭［……］

他不再吃什么东西，偶尔吃一点也是非常厌恶地吞下去，所以他现在骨瘦如柴，苍白如尸。可怜的他四肢瘫痪，残缺不全，在他身上毫无知觉！天啊，太可怜了！[i]

在最后的几周里，兰波时而昏迷，时而醒来；时而谵妄，时而清醒。如果伊莎贝尔对哥哥身体状况的描述是可靠的，那么她的虔诚本性和他一向持有的反宗教思想就足以让人怀疑她声称的宗教忏悔是否真的发生过，她在给母亲的信中提到过此事，兰波去世后很多出版物也照单全收。但是，她手上有兰波的最后一封信，是他口授的。他向邮船公司（Messageries Maritimes）的总经理提供了包含十二根象牙的五个批次的货物清单，要求转到名为"阿菲纳尔"（Aphinar）的服务，因为这种服务能把他送到苏伊士运河。这一刻他还在酝酿未来的计划。

> 这些服务到处都有，但是我身体残疾，非常可怜，我什么也找不到，大街上任何一条狗都会告诉你的。
>
> 请把到苏伊士的"阿菲纳尔"服务价格发送给我。我完全瘫痪了，所以想提前登船。告诉我什么时候可以上船。
> (*OC*, 803)

他的状况根本没法出行，这一点他要么不知道，要么接受不了。

远在巴黎，围绕着他的诗歌正掀起一场风暴，对此他也一无所知。作家鲁道夫·达尔赞（Rodolphe Darzens）——他买下了"德梅尼藏稿"——已经着手进行兰波的传记研究，其中包括未曾出版的诗歌。尽管出版商莱昂·吉诺索（Léon Genonceaux）起初同意出版这项研究，但是他更感兴趣的是诗歌。它们将成为一册精美的诗集，把达尔赞的论

去世前几天的兰波

> ICI
> LE 10 NOVEMBRE 1891,
> REVENANT D'ADEN,
> LE POÈTE
> JEAN ARTHUR RIMBAUD
> RENCONTRA LA FIN DE
> SON AVENTURE TERRESTRE
> LES AMIS D'ARION .II.I.MCMXLVI

镶在马赛老圣胎医院墙上的纪念铭牌

文用作序言。吉诺索把达尔赞给他看的、原本为《论阿尔蒂尔·兰波》(*Sur Arthur Rimbaud*) 准备的粗略的笔记和诗歌拿了过来，重新命名为《圣物匣》(*Reliquaire*，是弗朗索瓦·科佩用过的一个书名，征得他同意后使用的)，在达尔赞没有读过校样或给出允许的情况下出版了550 册，向公众推出了十九首未曾出版过的诗歌。达尔赞得知此事后提出申诉，警方没收了仍在出版商手中的119 册。

伊莎贝尔尽职尽责，写下了哥哥于 1891 年 11 月 9 日在马赛圣胎医院口授的那封信。当天下午 5 点巴黎警方接管了《圣物匣》。当写作和旅行化作了一封口授信和黄粱一梦的时候,诗歌正从读者手中被收回。

第二天早上 10 点,阿尔蒂尔·兰波撒手人寰,享年 37 岁。

7　来世

> 我认为这个世界上有很多个兰波,而且他们的人数会与时俱增。
>
> 亨利·米勒[a]

兰波下葬在夏尔维尔的家族墓地里。当主持葬礼的修士鼓励兰波太太联系死者的生前好友,让他们来参加 11 月 14 日的葬礼时,她三言两语告诉他别操这份心,不值得。连他哥哥弗雷德里克也没有出席:只有母亲和妹妹,可谓是最小的粉丝俱乐部。

然而,自从他去世以来,每一代人都宣称兰波属于他们。这种做法在他死后的头几年就蔚然成风——说实话,甚至早在他被推定死亡时就已经开始了——一直延续到了今天。诗人仍然收到大量信件,当局在夏尔维尔-梅济耶尔公墓(在那儿他的脚步终于停了下来)专门为他设置了一个信箱。

阿尔蒂尔·兰波和妹妹维塔丽的墓地

对兰波生活和作品始终不渝的热情可以归结为一系列问题,尽管这些问题永无答案,但它们使我们沉迷其中,欲罢不能,而不会让我们沮丧而最终只能将它们放弃。这些问题可以冗长繁复,但也可以简短精炼:他是谁?必要而相关的问题是:他的诗歌可以告诉我们什么?它们可能是什么意思?稍长一些的问题可以是:什么样的人可以为一整个文学体裁带来一场革命,但是在21岁时却又掉臂而去,过着与开始时截然不同的生活?

如果这些问题永远无法解答,那部分原因是兰波已经回答了它们,只是我们不满意他的回答。从他想到的那一刻起他的答案就略显不足。他最终选择写出这些答案,表明很大程度上他继续和我们开着玩笑。理解兰波就是慎重探讨和说明解读的复杂性:解读诗歌的和非诗歌的文本,以及解读更为普遍的历史现象。然而,他的生活和作品如此令人着迷,即使我们已经听到了答案,我们仍然想通过回到最基本的问题来继续阅读,探索和尝试理解。

他是谁?

他已经告诉我们:"我是另一个。"

他的诗能告诉我们什么?它们可能是什么意思?

我们已经得到了他的答案:"我独自掌管着这野性剧场的钥匙""去找奥尔唐斯"。

所以每一代人都以自己的方式回答这些问题,明确兰波的生平和时代,打开"野性剧场"并以自己的方式找到奥尔唐斯。每一代人都想出了答案,因而颇为自负,而每一代人都是错的,至少并非完全正确。传记作家只介绍他们想呈现的生活,文学评论家只以他们喜欢的方式阅读:爱憎由我。被认为永远湮灭了的诗歌却神奇地再现,前所未闻的文字和照片又见天日。在这些失踪的魔方方块中,有些是真实的,有些是伪造的,还有一些仍然存在着争议,它们使人期盼会出现更多这样的方块来填补空白。玛蒂尔德·莫泰声称销毁了她所拥有的所有文件,这个说法毕竟没有经受住时间的考验:2004 年,《记忆》的一个未知的早期版本,题为《论埃德加·坡。受诅咒的家庭》(*d'Edgar Poe. Famille maudite*),突然出现在一家拍卖行的目录中,该行拍卖的正是玛蒂尔德所拥有的文件。《俾斯麦之梦》之前仅在德拉埃的回忆中才存在,它是在 2008 年被重新发现的。阿登的阁楼中还有多少纸团包含着署名为"让·博德里"或"阿尔蒂尔·兰波"的未经发表的文字?魏尔伦所说的兰波最伟大的诗《守夜人》在哪里?1880 年代摄于亚丁或哈勒尔的照片里,有多少张拍到了三十上下、蓄着短发和胡须的欧洲人?我们又如何确定兰波不在其中?

每一代人对这些问题都有自己的答案。当然,后代在面对每一个留下痕迹的作者或人物的时候都会遭遇这样的问题和答案,但是兰波在这一方面与众不同的是,在提出了这么多问题,给出了这么多答案后,我们仍然对他知之甚少,因此,每一代人都在不断地回答这些问题。

许多早期的答案来自诗人的妹妹伊莎贝尔的谀词,诗人去世的时候她就在病床边,在诗人生命的最后几小时里是她给哥哥画的素描。1897 年 3 月,皮埃尔·迪富尔[1]——因其文学志向而采用帕泰诺·贝里雄(Paterne Berrichon)这一化名——与兰波太太联系,向她的女儿求婚。虽然他本人没有见过伊莎贝尔,但是在过去八个月中一直通过信函坚持向她求婚。"老妈"对他了解不多,因此联系了他的许多文学好友征求他们的意见。两人于 1897 年结婚,看来不怕家里再出一位作家。夫妇俩很快着手向越来越热衷的公众呈现一位他们心目中的兰波:受人尊敬,

---

[1] Pierre Dufour(1855—1922),诗人,画家,雕塑家,艺术评论家。

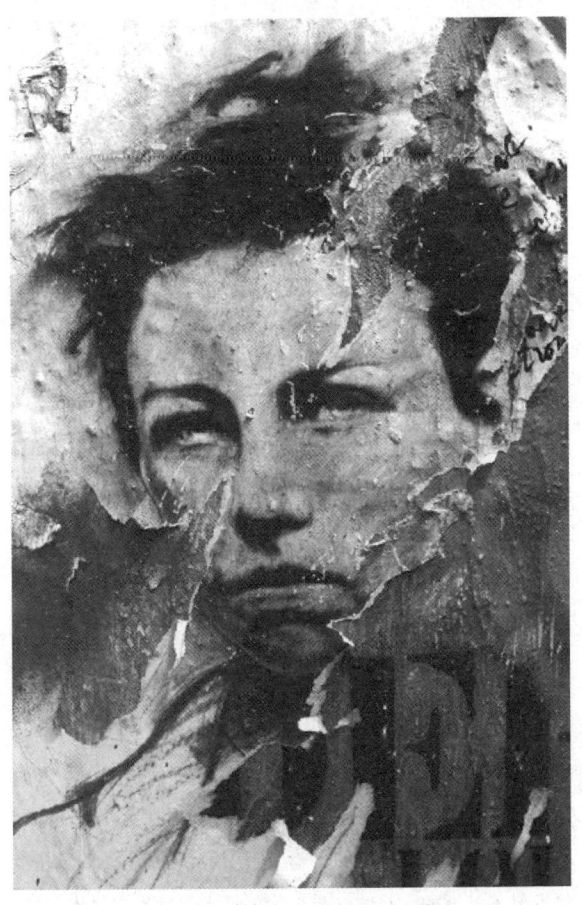

兰波肖像
欧内斯特·皮农-欧内斯特作,1978

有着良好品格和传统价值观。他们认为,他与魏尔伦的关系仅仅局限于诗歌,而不在床笫之间;弥留之际,他重新发现并接受了一直伴随着他的天主教信仰。

与此同时,历史学家让·布吉尼翁(Jean Bourguignon)和夏尔·乌安(Charles Houin)为《阿登和阿贡评论》(Revue d'Ardenne et d'Argonne)撰写了一系列传记文章。伊莎贝尔和贝里雄不想让公众了解兰波生活中的猥亵细节,他们试图从最好的角度呈现他,这导致他们操纵、隐瞒或伪造事实(改变他诗歌中的措辞,隐瞒或驳斥个人信件中的传记细节等)。贝里雄还在诗人和行动者之间挖了一条鸿沟,将兰波的诗歌(放弃了三分之一以后)和从非洲和阿拉伯半岛的来信(其中三分之二没有选用)分别出版。尽管读者现在能够读到当年被隐瞒了的文字,但是贝里雄在诗人生活和作品之间留下的那道鸿沟却长期影响着今天我们对兰波的思考。

魏尔伦对兰波创作诗歌的那段岁月更加熟悉,他常常会搬用他在《受诅咒的诗人》中写下的文字:在《彩图集》(1886)的序言中;作为《当代人》(Hommes d'aujourd'hui,1888)这一系列的一部分;在发表在《独立评论》(La Revue indépendante)上的一篇文章中(1892)。看到竞争刊物发表了兰波的作品(《受诅咒的诗人》发表在《卢泰斯》上,《彩图集》中的诗歌发表在《浪潮》上),《颓废》(Le Décadent)于1886年和1888年炮制了一些诗歌,声称是这位失踪诗人的作品,魏尔伦坚决谴责了这些蹩脚的仿作。其他假冒的兰波作品依然会出现。最后,魏尔伦为兰波《诗歌全集》(*Poésies complètes*)的第一个重要版本写了序言,该版本由莱昂·瓦尼耶[1]在魏尔伦逝世前一年的1895年出版。

接踵而至的众多新版本意味着阅读兰波作品的不只是几个志趣相同的熟人而已,随后的几代作家都深深惊服于他的艺术性和他作品中的火花,这火花噼啪作响,点燃和照亮了他们共享的原始材料。在象征主义者之后,诗人保罗·克洛岱尔就是最早自封的信徒之一,他不仅受到了兰波诗歌的启发,还声称阅读兰波的诗歌直接使他找回了失去的信仰。克洛岱尔由此确立了基督徒兰波的神话,并在为贝里雄1912年出版的兰波全集所撰写的序言中对此做了强化[b]。

克洛岱尔和贝里雄笔下的兰波形象将一直保持到下一个十年,直到超现实主义者接手。1924年,他们在第一份宣言中宣称兰波是他们中的一员,第二年又给克洛岱尔——时任法国驻日本大使——发了一封公开信,将夏尔维尔的这位诗人从克洛岱尔和教会手中夺了过去。对于超现实主义者来说,兰波的革命诗学和超验的世界观的基础是无意识,而不是精神。十年后,1935年6月,安德烈·布勒东在结束一场演讲时,石破天惊地将兰波和马克思进

---

[1] Léon Vanier(1847—1896),法国出版家。

行了比较，说他们尽管各自召唤着不同的革命，但其实并无二致。超现实主义者还帮助从审查制度下捞出兰波作品中那些猥亵、下流和彻头彻尾的淫秽成分。安德烈·布勒东在他的《黑色幽默文选》（*Anthologie de l'humour noir*, 1940）的序言中称他为青春期之神。

兰波的作品在法国以外的地区也得到越来越多的关注，在不同作家的作品中可以清晰地看到他的影响，包括 W. H. 奥登，斯蒂芬·茨威格，艾兹拉·庞德，弗拉基米尔·纳博科夫和杰克·凯鲁亚克，等等。一个反复出现的主题是反思，背弃如此显豁而杰出的文学才华究竟意义何在。勒内·夏尔[1]为这一举动赞叹不已，并为此在他的诗集《愤怒与神秘》（*Fureur et Mystère*, 1948）中写了一首散文诗：Tu as bien fait de partir, Arthur Rimbaud !（你走得好，阿尔蒂尔·兰波！）在他的《反抗者》（*L'Homme révolté*, 1951）中，阿尔贝·加缪将注意力更多地放在反习俗这一本质上，而非文学损失上。亨利·米勒则认为，如此作别诗歌高峰不啻是世界末日的举动，可与投下原子弹一事相提并论（《刺客的时代》[*The Time of the Assassins*], 1956）。随着越来越多的关注将非主流纳入主流，离经叛道的作品将不可避免地进入经典的殿堂。兰波的生活和作品如此引人瞩目，他自然而然成为叛逆诗人的象征。但是，

---

[1] René Char（1907—1988），诗人，早期曾受超现实主义影响。

并不是所有的关注都是那么舒心的，米歇尔·维勒贝克（Michel Houellebecq）的《臣服》（*Submission*，2015）中有一段对一位虚构的学者的讽刺评论，兰波被讥讽为全世界各大学中最无聊的论文课题——确切地说，是仅次于福楼拜的第二个无聊课题。

每一代人也都有自己的兰波的作品版本。在达尔赞和魏尔伦之后，在克洛岱尔和贝里雄之后，作品经历了更多的塑造和重新定义。亨利·德布依兰德拉科斯特[1]周密的文献学分析有助于阐明一些字迹几乎难以辨认的手稿和创作日期似乎难以确定的诗歌，他的研究，以及1946年伽利玛出版社"七星文库"收录兰波全集这一里程碑，预示着兰波研究从心理、政治面向向历史和文献学面向的转变。^c

1949年5月19日，文献学家突然忙得不可开交。《战斗》（*Combat*）杂志发表了《精神狩猎》（*La Chasse spirituelle*）片段，看起来像兰波的一首佚诗。学者帕斯卡·皮亚（Pascal Pia）证实了该作品的真实性，法兰西信使出版社遂出版了单行本。安德烈·布勒东起了疑心——他是对的：两名演员，阿卡基亚·维亚拉（Akakia Viala）和尼古拉·巴塔耶（Nicolas Bataille）不久就承认制造了赝品，借此报复他们对《地狱一季》的戏剧改编未获好评一事。^d 几周后，"七星文库"编辑儒勒·穆凯（Jules Mouquet）宣布发现了兰波另

---

[1] Henry de Bouillane de Lacoste（1894—1956），兰波研究学者。

一个未被发现的文本：题为《佩特德切夫雷男爵致其在圣马卢瓦城堡秘书的信》(*Lettre du Baron de Petdechèvre à son secrétaire au château de Saint-Magloire*)，署名是某位让·马塞尔（Jean Marcel），1871年9月16日发表在夏尔维尔的《东北》(*Le Nord-est*)杂志上，该杂志声称这是转载《进步报》(*Le Progrès*)在前一周9月9日所发表的内容。既然兰波在《阿登进步报》工作过，又没有可以支持或推翻这一声明的旧报留存——1949年离发现《俾斯麦之梦》还很遥远——穆凯深信夏尔维尔没有其他人能写出这样的文字，而让·马塞尔就是兰波的化名。但是事情并非如此；《阿登进步报》于1871年4月被禁，而争论中的《进步报》是《里昂进步报》(*Le Progrès de Lyon*，与阿登的同名报纸不同，这家报纸于1871年9月9日的确出版了一期）。

类似的问题也围绕着奥克塔夫·米尔博[1]在1882年一期《高卢人》(*Le Gaulois*)杂志上发表的一位佚名诗人的十四行诗《失落的毒药》(*Poison perdu*)。魏尔伦声称他回忆起的这首诗是兰波的。夏尔·莫里斯立即向魏尔伦表示怀疑。当手稿于1923年出版时，更多问题被提了出来：这是谁的笔迹？兰波的？福兰的？1874年9月，热尔曼·努沃在给马拉美的一封信中提到过这首十四行诗。它很可能

---

[1] Octave Mirbeau（1848—1917），作家、记者、艺术评论家。

巴黎帕维街上的涂鸦，2010 年

是努沃写的，尽管在多大程度上受了兰波的影响尚不得而知。为了应对这种变化——尤其是发生了《精神狩猎》和《佩特德切夫雷男爵致其在圣马卢瓦城堡秘书的信》这样的乌龙事件后，文学评论家们慎之又慎，坚持一丝不苟、严格地关注文本本身：有文献学证据的手稿和能够核实的传记细节。1952 年 1 月，他们找到了勒内·艾田蒲[1]这位盟友，后者决定在自己有关兰波神话的博士论文答辩中澄清

---

[1] René Étiemble（1909—2002），法国作家，语言学家，也是著名的汉学家，儒学和俳句专家，诗歌翻译家。

有关事实。艾田蒲针对兰波作品的接受状况而作的详尽研究有力地抵制了当时大行其道的错误观点和阐释。

其他学术活动也在学院之外引起了共鸣。例如,就在毕加索匆匆为亨利·马塔拉索(Henri Matarasso)草绘埃蒂安·卡尔雅那张著名的兰波肖像的次日,华莱士·福利(正在翻译兰波全集)立即与他的同事马塔拉索见了面。福利将这张草图用作译本封面,引起了大门乐队(The Doors)主唱吉姆·莫里森[1]的注意。莫里森在1968年写信给福利,说他不论走到哪儿总是随身携带这个译本。歌曲《野孩子》(*Wild Child*,来自专辑《软弱的行军》[*The Soft Parade*],1969,前一年曾作为《触摸我》的B面发行)的灵感来自兰波的叛逆生活,而不是莫里森从诗歌中采撷到的任何东西。

正如吉姆·莫里森的兴趣所表明的那样,兰波不是那种被尘封在讲堂里的作家。1968年5月,当大学生冲上巴黎街头的时候,兰波就在第一线;如果1871年他没有出现在街垒,那么这次他不会错过任何机会。当工人罢工并使生产停顿时,法国大学生唾弃自第二次世界大战结束以来一切照旧的令人窒息的制度。他们的乌托邦口号包括兰波诗歌中的短语,譬如,Il faut être absolument moderne(必须要绝对现代;来自《地狱一季》中的"永别")。还有的来自《地

---

[1] Jim Morrison(1943—1971),美国唱作人、诗人,1971年7月3日在法国巴黎住处的浴缸中死亡,后葬于拉雪兹神父公墓。大门乐队成立于1965年,是1960年代最著名的摇滚乐队之一。

狱一季》中的"谵妄 I：疯狂的童女，地狱中的丈夫"：

Changer la Vie（改变生活，出自 Il a peut-être des secrets pour changer la vie? ——他也许掌握了**改变生活**的秘诀?）[e]
L'amour est à réinventer（爱情需要重新发明创造）
La vraie vie est absente（真正的生命并不存在）

68 年 5 月的革命愿望并没有完全改变法国人的生活，恰恰相反，当法国社会党于 1971 年在埃皮内（Épinay）复活的时候，这些愿望被政治机器所利用。1972 年，该党将"改变生活"作为其政治纲领的标题；1977 年 6 月，左派在市政选举中获得大胜之后，又将它用作在南特（Nantes）举行的党代会的会歌歌名。学生口号的萌芽导致反资本主义主张的制度化，继而促成弗朗索瓦·密特朗（François Mitterrand）于 1981 年赢得总统大选，兰波因此被奉为年轻、叛逆的左翼诗人。

与诗人诞辰一百周年的 1954 年一样，1991 年，即兰波逝世一百周年之后，纪念活动不胜枚举，社会党政府一马当先。密特朗的文化部长贾克·朗（Jack Lang）建议人们将兰波的一首诗寄给两个人，这两个人又会各自将他的一首诗寄给另外两个人：呈指数级增长的兰波邮件链会迅速传遍世界各地。当朗被问及现政府成员是否真的读过这位诗人时，他回答说政府中谁不想"改变生活"。然后他解释说，如果他们以前没读过的话，很快会读的：他已经向每位政府成员寄出了《永恒》这首诗来启动邮件链。

兰波的生活和作品一直是视觉艺术家的灵感源泉，他们也给出了自己的答案。1978—1979 年，大卫·沃伊瑙洛维奇[1]为《阿尔蒂尔·兰波在纽约》(*Arthur Rimbaud in New York*，他关于"前艾滋"时代纽约同性恋状况的作品系列）的模特们套上了一个兰波的面具（来自卡尔雅那张著名的照片）。在康尼岛看到兰波的脸或是看见他乘坐纽约地铁，这种时空错乱的震惊被这张脸所昭示的现代性所抵消。同样，虽然时空已经改变，但是这张照片对使用毒品和性亲密的刻画居然一点也不违和。同样刺眼却相当成功的还有当年欧内斯特·皮农-欧内斯特[2]的一系列真人大小的海报，其中诗人的脸被置于穿着当代流浪者服装的躯体之上；夏尔维尔和巴黎的大街小巷都贴满了这些海报，它们对兰波现代城市体验的提示既不合时宜，又非常贴切。

各种表演艺术也在纪念这位诗人，从作曲家本杰明·布里顿的组曲《彩图集》(1940，以《杂耍》中著名的最末一行开始）到 1967 年克里斯托弗·汉普顿[3]的戏剧。这

---

[1] David Wojnarowicz（1954—1992），美国前卫艺术家。经历坎坷，致力于以绘画、表演、摄影、电影等形式改变社会对艾滋病患者等边缘、弱势群体的歧视。

[2] Ernest Pignon-Ernest（1942— ），法国城市艺术的开创者、领军者。

[3] Christopher Hampton（1946— ），英国编剧、导演。以兰波和魏尔伦这段孽缘为题材的《心之全蚀》最早是他的舞台剧作品，后来才被搬上大银幕，由当时尚未成名的莱昂纳多·迪卡普里奥扮演兰波。

选自大卫·沃伊瑙洛维奇《阿尔蒂尔·兰波在纽约》
印在纸上的银盐照片，1978—1979

部戏剧开启了他的职业生涯，促成了他作为电影编剧的长片《心之全蚀》(*Total Eclipse*, 1995)。除了吉姆·莫里森，还有无数歌手从兰波的生活和作品中汲取灵感，其中最著名的有鲍勃·迪伦、莱奥·费雷[1]、塞尔热·甘斯堡[2]和范·莫里森[3]。毫无疑问，其中最热衷的是帕蒂·史密斯[4]，16岁时，她在费城公交车站阅读《彩图集》的译本时发现自己和诗人志同道合。在她的专辑和诗歌中，他都是一再出现的存在，一个旅伴。例如，她的首张录音专辑

---

[1] Léo Ferré (1916—1993)，法国唱作人，诗人。
[2] Serge Gainsbourg (1928—1991)，法国唱作人，电影人。
[3] Van Morrison (1945—)，北爱尔兰唱作人。
[4] Patti Smith (1946—)，美国摇滚唱作人，诗人。1970年代美国朋克音乐先锋人物，被称为"朋克教母"。

230　兰波

兰波，在巴黎
欧内斯特·皮农-欧内斯特作，1978

《马匹》（*Horses*, 1975）中的歌曲《土地：马匹/千舞之地/海（屎）》，她的第二张专辑《埃塞俄比亚电台》（*Radio Ethiopia*, 1976）中的两个现场曲目《埃塞俄比亚电台》和《阿比西尼亚》，以及她的第三张专辑《复活节》（*Easter*, 1978）中的主打歌，在歌中她将自己的音乐和兰波的生活和诗作融为一体。[f]

尽管答案无休无止，但兰波的问题仍然存在。他一次又一次地回答了它们。我们无法接受他的答案，所以一直在寻找新的答案。他显然在《彩图集》的《出发》这首诗中提供了一个答案（*OC*, 296）：

Assez vu. La vision s'est rencontrée à tous les airs.

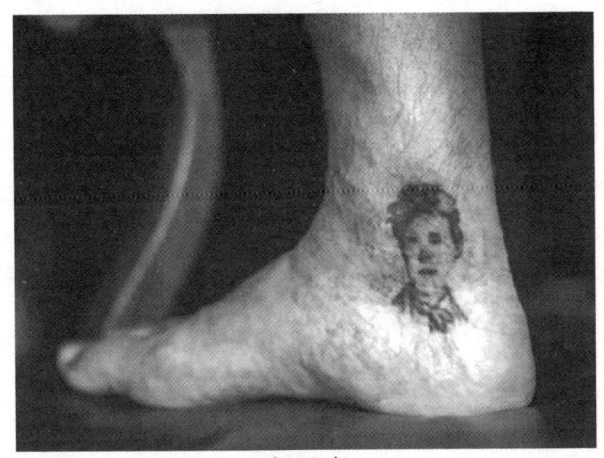

脚踝文身

Assez eu. Rumeurs des villes, le soir, et au soleil, et toujours.
Assez connu. Les arrêts de la vie. — Ô rumeurs et Visions!
Départ dans l'affection et le bruit neufs!

看透了。形形色色的嘴脸一览无余。
受够了。城市的喧嚣，黄昏与白昼，日复一日。
见多了。人生的驿站。——噢，喧嚣与幻象!
出发，到新的爱与新的喧闹中去!

我们无法理解兰波的答案，这是因为恰恰在我们想驻足、徘徊的时候他却要求我们离去。当他已经倾其所有的时候，我们依然在向他索取，但是他所给予我们的——或者说他所留给我们的——的的确确继续奉献着。通过提问多于回答的诗歌，通过奇异的人生轨迹，通过融汇这一切的睿智的不敬和不敬的睿智，兰波将是我们所有人取之不尽的源泉。

注释

1 城墙

a 分别为 *OC*, 338、355、363 和 370。

b 分册出版的进度很快因普法战争落幕和巴黎公社而被打断,最后到了 1871 年以整卷形式推出。该系列第三卷也即最终卷于 1876 年出版,只出了单卷本。

c 这又是抄袭的例子:维克多·雨果再次牵涉其中,因为雨果本人已经在 1837 年的诗集《内心的声音》(*Les Voix intérieures*)中《飞走了的鸟》(*À des oiseaux envolés*)一诗中采用了类似的押韵:Ce livre des oiseaux et des bohémiens, / Ce poème de Dieu qui vaut mieux que les miens(这本讲述飞鸟和波西米亚人的书/这首比我的诗歌更为珍贵的上帝的诗)。这是一组非常重要的韵脚,邦维尔在他的《法国诗歌简论》中也引用了它。在雨果的诗中,bo-hé-mi-ens 这样的波西米亚式的断裂由 Ce poème de Dieu 弥合,恢复了秩序和统一,首先在 mieux 中产生了 mi 的回声,然后在该行末尾的 miens 中达到高潮。但是,在兰波的《感觉》中,没有任何东西得到解决。相反:je ne penserai rien(我什么也不想)的绝对否定会导致 mi-en 的主观性崩溃,并揭示了邦维尔的盲点;虽然他在规则中明确地提到 mien、rien 和 bohémien,但是他没有注意到潜伏其中的混合词,mien 不是一个独立的单词,而是隐藏在别处。这就是兰波的部分用意:主观性的一部分并没有被宣称是主观性,而是存在于其他状态之中(如 bo-hé-mi-ens)。所以雨果的押韵延伸了 bo-hé-mi-ens,而终结于统一和简洁,但是兰波却朝相反方向移动,押韵和合音的结合更加强调了兰波的诗歌带给抒情的不稳定的主观性——即 mien 一字不再统一，而是逐渐分开。

d 现在的雕像已经是第三个了，自 1954 年 10 月以来一直立在那里。第一尊雕像是由在兰波去世后成为他妹夫的帕泰诺·贝里雄所制，于 1901 年揭幕；第二尊由阿尔方斯·科勒[1]所制，于 1927 年就位。诗人古斯塔夫·卡恩[2]在这两次揭幕典礼上都发表了讲话。这两尊雕像分别在两次世界大战德军占领期间失踪。

e 兰波后来曾尝试以《爱的沙漠》(*Les Déserts de l'amour*) 为总标题创作另一组散文诗（很可能是在 1871 年）：《警示》(*Avertissement*)，《同一次战役 [……]》(*C'est certes la même campagne* [...]) 和《这次是女人 [……]》(*Cette fois, c'est la Femme* [...])。

2 田野

a 再怎么强调德梅尼的不作为都不为过。如果他遵照兰波的要求烧掉了手稿，因为没有其他版本流传，那么我们会永远失去这十三首诗：《九二与九三年的死者》(*Morts de 92...*)，《传奇故事》(*Roman*)，《冬梦》(*Rêvé pour l'hiver*)，《橱柜》(*Le Buffet*)，《萨尔布吕肯的胜利庆典》(*L'Éclatante Victoire de Sarrebrück*)，《狡黠的女孩》(*La Maline*)，《绿色小酒店》(*Au Cabaret-Vert*)，《山谷睡者》(*Le Dormeur du val*)，《吊死鬼舞会》(*Bal des pendus*)，《惩罚达尔杜夫》(*Le Châtiment de Tartufe*)，《流浪》(*Ma Bohême*)，《罪恶》(*Le Mal*) 和《恺撒的疯狂》(*Rages de Césars*)。德梅尼最终将手稿出售给了兰波的早期传记作家鲁道夫·达尔赞，收藏家们又转手买卖，直到斯蒂芬·茨威格在拍卖会上将其买下，成为后来被称作"斯蒂芬·茨威格藏稿"的一部分，自 1980 年代起一直馆藏于大英图书馆。有关德梅尼的更多信息，参见 *OCI*, 149—160。兰波后来一直给德梅尼寄诗：《巴黎战歌》(*Chant de guerre parisien*)，《我的小情人》(*Mes*

---

[1] Alphonse Colle (1857—1935)，雕塑家，生于夏尔维尔。
[2] Gustave Kahn (1859—1936)，艺术批评家，象征主义诗人。

  petites amoureuses)，《蹲》（Accroupissements），《七岁诗人》（Les Poètes de sept ans），《教堂穷人》（Les Pauvres à l'église）流传至今，也是多亏德梅尼保存了手稿。
b 《战神广场我们的画家》（Nos Peintres au Champ-de-Mars），《形势晚报》（La Situation），1867 年 7 月 1 日。
c OC，337—339。"sans-cœur"（没心没肺的）这个词来自雨果《暗影之口之言》（Ce que dit la bouche d'ombre），是《静观集》中的一首，兰波对他母亲的一个称呼就借用了该诗的标题。

3 首都

a 双关语来自 on me pense（我被想）和 on me panse（我被包扎）之间的谐音。
b 法语动词 voler 既可指偷窃，也可指飞行。两种意思都解释得通：前一种明显影射蒲鲁东著名的口号 La propriété, c'est le vol（财产是偷窃），而后一种则是因为这段时期的讽刺漫画通常将反动的共和国首脑画成昆虫。
c 见 Kristin Rars，The Emergence of Social Space: Rimbaud and the Paris Commune（《社会空间的兴起：兰波和巴黎公社》），Minneapolis, MN, 1988; revd edn London, 2008。
d 斯特凡·马拉美，《阿尔蒂尔·兰波》，载《简·章》（The Chap-book）[1]，1896 年 5 月 15 日，pp. 8, 10。
e "丑陋的家伙"也有过一本图册，但在市政厅被焚的时候灰飞烟灭了；魏尔伦或者瓦拉德——巴黎公社爆发时两人都在那儿有一份办公室工作——把图册留在了办公桌里。
f 这些诗是《坐客》《捉虱的姐妹》《正人君子》《牧神的头》《被窃的心》《让娜-玛莉亚之手》《惊呆的孩子》《元音》《星星在呻吟》《海关检查员》《晚祷》《仁慈的姐妹》和《初领圣体》。参见 OCI，349—374。

---

[1] 在美国出版的一份文学半月刊。

4 城市

a 前保罗·魏尔伦夫人,《我的生平回忆》(*Mémoires de ma vie*, ed. Michael Pakenham, Seyssel,1992), p. 162。

b 在法国,离婚于 1792 年即被允许,并经 1793 年和 1794 年的法令修改,最后被纳入拿破仑 1804 年《民法典》,但在 1816 年帝制复辟时被废止,到了第三共和国才由 1884 年的离婚法(loi Naquet)重新确立。

c 转引自 Auguste Martin, *Verlaine et Rimbaud: Documents inédits tirés des Archives de la Préfecture de Police*(《魏尔伦与兰波:来自巴黎警察局档案的未公开资料》),Paris, 1943, pp. 10-12。

d 保罗·魏尔伦,《英格兰笔记:作为法语教师的我》(*Notes on England: Myself as a French Master*),载《两周评论》(*The Fortnightly Review*),1894 年 7 月。

e 1883 年 10 月 14 日,德拉埃致信魏尔伦,附上两首带着诅咒派风格的十四行诗:《古代的动物……》(*Les anciens animaux...*)和《我们的臀部并非他们的臀部……》(*Nos fesses ne sont pas les leurs...*),它们由阿尔贝·梅桑[1]于 1923 年首次出版,同时出版的还有《屁眼的十四行诗》,标题改作 "*Stupra*"(淫秽)。

f 兰波研究界一直在努力找寻,结论是 H 代表断头台、手淫、同性恋、大麻、时间,以及其他很多东西。参见 *OC*, 978—979。

g 第一次世界大战期间,德军将指挥部设在这座房子里,撤退时炸毁了它,原始结构只剩下了一面墙。2017 年帕蒂·史密斯出资买下了这地方,包括在农场原址上建造的房屋,把它从破败中拯救了出来。

5 创伤

a 当他的母亲问他《地狱一季》的含义时,他回答说书已经说得很清楚了:littéralement et dans tous les sens(字面

---

[1] Albert Messein(1873—1957),堪称法国 20 世纪最重要的诗歌出版家,尤其出版了魏尔伦的诗歌。

上和各个方向/意义上说）。伊莎贝尔·兰波，《遗念》(*Reliques*, 2nd edn, Paris, 1921), p. 143。

b De profundis Domine 是 De profundis clamavi ad te, Domine（主啊，我从深处向你呼求）的缩写，是《圣经·诗篇》忏悔诗之一、第 130 篇的第一行。

c 关于这种"消解阅读"——一种与普通阅读反向而行的阅读（所以是一种使诗歌不堪卒读的疯狂）——参见 Shoshana Felman, *La Folie et la chose littéraire*（《疯狂和文学之物》）, Paris, 1978, pp. 108–109。

d 在《地狱一季》一些手稿的正面，写有通常被称为"福音散文诗"的戏仿文字；这三篇散文诗的创作日期似乎和《地狱一季》同时，它们受到《约翰福音》的启发，将基督及其奇迹描述为毫无成效。

e 洛索将其中几册寄给了包括莫里斯·梅特林克、埃米尔·维尔哈伦和斯蒂芬·茨威格在内的朋友。他甚至发表了一篇文章驳斥伊莎贝尔的说法，先是在 1915 年比利时书友和图标爱好者协会的年度报告中，第二年又以单行本出版。

f 参看 Vernon P. Underwood, "Rimbaud anglicisant", *Revue de littérature comparée*, XXXVI/3 (1 July 1962), pp. 337–338。

6 世界

a 《九三年》是维克多·雨果于 1874 年出版的小说。

b 根据德拉埃的说法，兰波到达维也纳时身无分文，一筹莫展，流浪了几天，与一个警察发生斗殴，然后被带到边境。在那里，德国官员宣布他不受欢迎，将他带到与阿尔萨斯的边界，而后兰波步行返回夏尔维尔。

c 兰波穿越阿尔卑斯的路线也是现在难民从意大利进入法国时为躲避警方盘查而走的路线。

d 所缺的一张是自拍像，保存在法国国家图书馆中。

e 收藏在兰波纪念馆的图像太淡，无法在出版物中准确复制。另一些版本的照片在试图让图像变得更清晰时都扭曲了对比度和其他元素，失真程度太高，无法用在此处。

有关这些图像的种种区别，参见 Jean-Jacques Lefrère, *Face à Rimbaud*（《面对兰波》），Paris, 2006；以及书商联合会（Libraires associés）的藏书家雅克·戴斯的研究。

f 它将扩充成包括两个部分的一个系列。第一部分 1884 年由莱昂·瓦尼耶出版，收入了介绍特里斯坦·科比埃尔、兰波和马拉美的三篇。1888 年第二版中又多了三篇新的，分别介绍玛塞丽娜·戴博尔德·瓦尔莫尔、维里耶·德·利勒亚当[1]和魏尔伦本人——用的是一个将他名字中的字母重组后的化名"波伏尔·勒里扬"（Pauvre Lelian）。

g 《浪潮》第五期（1886 年 5 月 13 日）刊登了《洪水过后》《童年》《童话》《杂耍》《古代艺术》《轻歌曼舞》《噢，灰土般的脸[……]》《生命》《出发》《王位》《致一种理性》《沉醉的清晨》《断章》《工人们》《桥》《城市》《车辙》，全部出自《彩图集》；第六期（5 月 29 日）刊登了《城市（就是这些城市[……]）》《流浪汉》《城市（官方卫城[……]）》《长夜》《神秘》《黎明》《花》《平凡夜曲》《航海》《冬天的节日》《焦虑》《大都会》《蛮荒》。第七期（6 月 7 日）刊登了韵诗《高塔之歌》《黄金时代》《"我们是你祖父母……"》（《饥饿的节日》）《永恒》《心是什么？》。最后，是一组《彩图集》诗篇和韵诗的组合：第八期（6 月 13 日）刊登《岬》《场景》《历史性的黄昏》《米歇尔和克里斯蒂娜》《朱丽叶》《耻辱》，第九期（6 月 21 日）刊登《运动》《波顿》《H》《虔诚》《民主》《远离了鸟[……]》（《泪》）《噢，季节！噢，城楼[……]》，以及《加西河》。

h 阿尔芒·萨乌雷致乔治·莫尔韦[2]，1930 年 4 月 3 日，发表于《尼斯探路者》（*L'Éclaireur de Nice*），转引自 *JJL*，p. 1048。

i 伊莎贝尔·兰波，《遗念》（*Reliques*, 3rd edn, Paris, 1921），pp. 65–69。

---

[1] Villiers de l'Isle Adam（1838—1889），作家，象征主义先驱，马拉美的密友。
[2] Georges Maurevert（1869—1964），作家，记者。

7 来世

a 亨利·米勒,《刺客的时代:兰波研究》(*The Time of the Assassins: A Study of Rimbaud* [1946],New York,1962),p. 6。

b 参看 Adrianna M. Paliyenko, *Mis-reading the Creative Impulse: The Poetic Subject in Rimbaud and Claudel, Restaged* (《误读创造性的冲动:重演兰波和克洛岱尔的诗性主体》),Carbondale,IL,1997。

c 1939年,德布依德拉科斯特出版了兰波韵诗的批注本(《诗》[*Poésies*]),1947年推出第二版,1949年则是《彩图集》的批注本,分两卷(一卷为研究论文,一卷为《彩图集》整理本)。"七星文库"版兰波全集也在1963、1972和2009年分别重版,每次都会修订并添加新的内容。

d 参见 Bruce Morrissette, *The Great Rimbaud Forgery: The Affair of 'La Chasse spirituelle'* (《兰波大伪造:"精神狩猎"事件》),Saint Louis,MO,1956。

e 罗朗·卡斯特罗 (Roland Castro) 和蒂诺·格伦巴赫 (Tiennot Grumbach) 领导的毛派"革命万岁!"小组 (VLR) 在其《改变生活:政治文件》(*Changer la vie: document politique*) 一书的标题中使用了这句话 (Kremlin-Bicêtre,1970)。

f 参看 Carrie Noland, Rimbaud and Patti Smith: The Discoveries of Modern Poetry and the Popular Music Industry (《兰波和帕蒂·史密斯:现代诗歌和流行音乐产业的发现》),in: *Poetry at Stake: Lyric Aesthetics and the Challenge of Technology*, Princeton, NJ, 1999, pp. 163 – 184。

精选参考书目

兰波作品

Un concert d'enfers: vies et poésies [Rimbaud and Verlaine], ed. Solenn Dupas, Yann Frémy and Henri Scepi (Paris, 2017)

Correspondance, ed. Jean-Jacques Lefrère (Paris, 2007)

Œuvres. I: Poésies. II: Une saison en enfer, Vers nouveaux. III: Illuminations, Correspondance, ed. Jean-Luc Steinmetz (Paris, 1989)

Œuvres complètes, ed. Pierre Brunel (Paris, 1999)

Œuvres complètes, ed. André Guyaux and Aurélia Cervoni (Paris, 2009)

Œuvres complètes, ed. Steve Murphy (vol. I: *Poésies*, 1999; vol. II: *Œuvres diverses et lettres 1864/1865 – 1870*, 2007; vol. IV: *Fac-similés*, 2002)

Poésies, Une saison en enfer, Illuminations, ed. Dominique Combe (Paris, 2004)

兰波作品英译本

Complete Works, Selected Letters, trans. Wallace Fowlie, revd and with a new introduction by Seth Whidden (Chicago, IL, 2005)

I Promise to be Good: The Letters of Arthur Rimbaud, trans. Wyatt Mason (New York, 2003)

Rimbaud Complete, trans. Wyatt Mason (New York, 2002)

Selected Poems and Letters, trans. John Sturrock and Jeremy Harding (London, 2004)

关于兰波的作品

Ahearn, Edward J., *Rimbaud: Visions and Habitations* (Berkeley, ca, 1983)

Berger, Anne-Emmanuelle, *Le Banquet de Rimbaud: recherches sur l'oralité* (Seyssel, 1992)

Bobillot, Jean-Pierre, *Rimbaud, le meurtre d'Orphée: Crise de Verbe & chimie des vers ou la Commune dans le Poëme* (Paris, 2004)

Borer, Alain, *Rimbaud en Abyssinie* (Paris, 1984), trans. Rosmarie Waldrop as *Rimbaud in Abyssinia* (New York, 1991)

—, *Rimbaud d'Arabie* (Paris, 1991)

Bourguignon, Jean, and Charles Houin, *Vie d'Arthur Rimbaud* [1901], ed. Michel Drouin (Paris, 1991)

Brunel, Pierre, *Arthur Rimbaud, ou l'éclatant désastre* (Seyssel, 1983)

—, *Rimbaud, Projets et réalisations* (Paris, 1983)

Claisse, Bruno, *'Les Illuminations' et l'accession au réel* (Paris, 2012)

—, *Rimbaud, ou 'le dégagement rêvé': essai sur l'idéologie des 'Illuminations'* (Charleville-Mézières, 1990)

Cornulier, Benoît de, *De la métrique à l'interprétation: essais sur Rimbaud* (Paris, 2009)

Fongaro, Antoine, *Rimbaud: texte, sens et interprétations* (Toulouse, 1994)

Fowlie, Wallace, *Rimbaud and Jim Morrison: The Rebel as Poet* (Durham, nc, 1993)

Frémy, Yann, *'Te voilà, c'est la force': essai sur 'Une saison en enfer' de Rimbaud* (Paris, 2009)

Guyaux, André, *Poétique du fragment: essai sur les 'Illuminations'* (Neuchâtel, 1985)

Izambard, Georges, *Rimbaud tel que je l'ai connu* (Paris, 1963)

Lawler, James, *Rimbaud's Theatre of the Self* (Cambridge, ma, 1992)

Lefrère, Jean-Jacques, *Arthur Rimbaud* (Paris, 2001)

Matucci, Mario, *Le Dernier Visage de Rimbaud en Afrique: d'après des documents inédits* (Paris, 1962)

Murat, Michel, *L'Art de Rimbaud* (Paris, 2002; revd edn 2013)

Murphy, Steve, *Le Premier Rimbaud, ou l'apprentissage de la subversion* (Paris and Lyon, 1990)

—, *Rimbaud et la Commune: microlectures et perspectives* (Paris, 2010)

—, *Stratégies de Rimbaud* (Paris, 2004; revd edn 2009)

Nakaji, Yoshikazu, *Combat spirituel ou immense dérision? essai d'analyse textuelle d' 'Une saison en enfer'* (Paris, 1987)

Nicholl, Charles, *Somebody Else: Arthur Rimbaud in Africa, 1880—1891* (London, 1997)

Parade sauvage: revue d'études rimbaldiennes [journal], 1984—present

Petitfils, Pierre, *Rimbaud* (Paris, 1982), trans. Alan Sheridan (Charlottesville, va, 1988)

Reboul, Yves, *Rimbaud dans son temps* (Paris, 2009)

Robb, Graham, *Rimbaud: A Biography* (London, 2000)

Ross, Kristin, *The Emergence of Social Space: Rimbaud and the Paris Commune* (Minneapolis, mn, 1988; revd edn London, 2008)

Sacchi, Sergio, *Études sur 'Les Illuminations' de Rimbaud* (Paris, 2002)

Saint-Amand, Denis, *La Littérature à l'ombre: sociologie du zutisme* (Paris, 2012)

St Clair, Robert, *Poetry, Politics, and the Body in Rimbaud: Lyrical Material* (Oxford, 2018)

Scott, Clive, *Translating Rimbaud's 'Illuminations'* (Exeter, 2006)

Steinmetz, Jean-Luc, *Arthur Rimbaud: une question de presence* (Paris, 1991), trans. Jon Graham as *Arthur Rimbaud: Presence of an Enigma* (New York, 2002)

Teyssèdre, Bernard, *Arthur Rimbaud et le foutoir zutique*

(Paris, 2011)

Verlaine, Ex-Madame Paul, *Mémoires de ma vie*, ed. Michael Pakenham (Seyssel, 1992)

Whidden, Seth, *Leaving Parnassus: The Lyric Subject in Verlaine and Rimbaud* (Amsterdam, 2007)

—, ed., *La Poésie jubilatoire: Rimbaud, Verlaine et l''Album zutique'* (Paris, 2010)

White, Edmund, *Rimbaud: The Double Life of a Rebel* (London, 2009)

致谢

我非常感谢前人对于诗人、对于他们的作品和环境的研究。确实,最大的挑战也是最大的荣幸:盘点前人的贡献,并以令人信服的方式向前推进。我目前的研究是在早逝的巨人的肩膀上进行的:罗斯·钱伯斯(Ross Chambers, 1932—2017),让-雅克·勒弗雷尔(Jean-Jacques Lefrère, 1954—2015)和迈克尔·帕克纳姆(Michael Pakenham, 1929—2013)。他们为人为学各有千秋,但是都有着不懈的好奇心和持久的动力,勤于为已然无所不包的知识大厦添砖加瓦。一次又一次,他们的工作表明传记和批评密不可分。同样重要的是,他们都天性慷慨,古道热肠。我谨将此书献给他们以志纪念,感谢他们与我分享所有成果。

这项研究对兰波诗歌所作的解释依赖当今大多数学者普遍持有的信念。当许多兰波研究同行翻阅此书的时候,他们会认出自己独特的贡献。我特别感激史蒂夫·墨菲

(Steve Murphy)不可磨灭的工作：在过去30年中，没人比他为兰波研究贡献出更多的学识或见解。我很幸运，在他的友谊之外，这两点使我受益匪浅。同样，我要感谢爱德华·阿希恩（Edward Ahearn），亚恩·弗雷米（Yann Frémy），已故的丹尼斯·米纳恩（Dennis Minahen），还有罗伯特·圣克莱尔（Robert St. Clair），他们塑造了我对兰波的认识。

维维安·康斯坦丁诺普洛斯（Vivian Constantinopoulos）主动联系我约稿，在日程安排允许我写这本书之前她表现出了很大的耐心。我感谢她的一贯支持，希望她不会觉得这本书辜负了她的等待。从开始到完成，我和她及整个Reaktion团队的合作非常愉快。我要感谢兰波纪念馆的莱蒂西娅·德胡尔（Laetitia Dehoul）和元音多媒体资料馆的艾莉丝·尼古拉（Élise Nicolas）为我提供了插图和档案资料——以上两家机构均在夏尔维尔-梅济耶尔。这座城市的来访者自然会踏入纪念馆所在的"老磨坊"；多媒体资料馆设在图书馆内也可谓恰到好处，因为正是后者为《坐客》这一首诗提供了灵感——某位少年曾是这儿的常客，也是馆员和未来的历史学家让·于贝尔（Jean Hubert, 1807—1886）的肉中刺，因为他拒绝过这位年轻读者的借阅要求。最后我要感谢巴黎书商联合会的雅克·戴斯（Jacques Desse）在图像搜集过程中对我的协助。

图片致谢

作者和出版者希望对提供或允许复制插图资料的以下各方表示感谢：

Bibliothèque nationale de France / Réunion des musées nationaux, Paris: pp. 196, 212; Jacques Desse (crédit Libraires associés / Adoc photos): p. 191; Médiathèque Voyelles: pp. 003, 010, 014, 026, 037, 047, 058, 098, 106, 169, 191, 206, 207, 209; Musée Arthur Rimbaud, Charleville-Mézières: pp. 016, 032, 192, 201 (Bardey family documents), 216; Musée d'Orsay / Réunion des musées nationaux, Paris: p. 110; Ernest Pignon-Ernest: pp. 219, 230; private collection: pp. 213, 225, 231 (photo David Olds); Courtesy of the Estate of David Wojnarowicz and P·P·O·W, New York, copyright © Estate of David Wojnarowicz: p. 229

著译者

作者| 塞思·惠登 Seth Whidden

英国牛津大学法语语言与文学教授,19世纪法国文学与诗歌研究专家,编著、出版有多部关于19世纪法国文学及波德莱尔、魏尔伦、兰波等作家的专著。

译者| 孙礼中

浙江工商大学杭州商学院外国语学院副教授,英国邦戈大学翻译学硕士,长期担任中翻英和英译中的教学任务。主要译作有《黑暗的心》《从洛克起步》等。

图书在版编目（CIP）数据

兰波 /(英)塞思·惠登著；孙礼中译. -- 上海：上海文艺出版社, 2023
(知人系列)
ISBN 978-7-5321-8400-2

Ⅰ.①兰… Ⅱ.①塞… ②孙… Ⅲ.①兰波（1854-1891）—传记
Ⅳ.①K835.655.6

中国版本图书馆CIP数据核字(2023)第024354号

Arthur Rimbaud by Seth Whidden was first published by Reaktion Books,
London, UK, 2018, in the Critical Lives Series.
Copyright © Seth Whidden, 2018
著作权合同登记图字：09-2020-071号

发 行 人：	毕　胜
责任编辑：	赵一凡
封面设计：	朱云雁

书　　名：	兰　波
作　　者：	[英] 塞思·惠登
译　　者：	孙礼中
出　　版：	上海世纪出版集团　上海文艺出版社
地　　址：	上海市闵行区号景路159弄A座2楼　201101
发　　行：	上海文艺出版社发行中心
	上海市闵行区号景路159弄A座2楼206室　201101　www.ewen.co
印　　刷：	浙江中恒世纪印务有限公司
开　　本：	787×1092　1/32
印　　张：	8.125
插　　页：	3
字　　数：	100,000
印　　次：	2023年3月第1版　2023年3月第1次印刷
ＩＳＢＮ：	978-7-5321-8400-2/K.457
定　　价：	49.00元
告 读 者：	如发现本书有质量问题请与印刷厂质量科联系　T:0571-88855633

I 知人
cons

知人系列

爱伦·坡：有一种发烧叫活着
塞林格：艺术家逃跑了
梵高：一种力量在沸腾
卢西安·弗洛伊德：眼睛张大点
阿尔弗雷德·希区柯克：他知道得太多了
大卫·林奇：他来自异世界
汉娜·阿伦特：活在黑暗时代

弗吉尼亚·伍尔夫
伊夫·克莱因
伦纳德·伯恩斯坦
兰波
塞缪尔·贝克特
约瑟夫·博伊斯
贝托尔特·布莱希特
德里克·贾曼
康斯坦丁·布朗库西

（即将推出）

可可·香奈儿

谢尔盖·爱森斯坦

三岛由纪夫

乔治亚·欧姬芙

马拉美

索伦·克尔凯郭尔

巴勃罗·聂鲁达

赫尔曼·麦尔维尔

伊戈尔·斯特拉文斯基

托马斯·曼

维克多·雨果